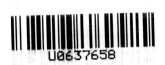

中国社会科学院研究生重点教材

MAJOR TEXTBOOKS FOR POSTGRADUATE STUDENTS
CHINESE ACADEMY OF SOCIAL SCIENCES

社会科学研究方法的应用

Applications of Social Research Methods

郑真真◎著

中国社会科学出版社

图书在版编目（CIP）数据

社会科学研究方法的应用／郑真真主编．—北京：中国社会科学出版社，2013.9（2017.9 重印）
（中国社会科学院研究生重点教材）
ISBN 978－7－5161－3234－0

Ⅰ．①社…　Ⅱ．①郑…　Ⅲ．①社会科学－研究方法－研究生－教材　Ⅳ．①C3

中国版本图书馆 CIP 数据核字（2012）第 219503 号

出 版 人　赵剑英
责任编辑　宫京蕾
责任校对　林福国
责任印制　李寡寡

出　　版　中国社会科学出版社
社　　址　北京鼓楼西大街甲 158 号
邮　　编　100720
网　　址　http：//www.csspw.cn
发 行 部　010－84083685
门 市 部　010－84029450
经　　销　新华书店及其他书店

印刷装订　北京市兴怀印刷厂
版　　次　2013 年 9 月第 1 版
印　　次　2017 年 9 月第 2 次印刷

开　　本　710×1000　1/16
印　　张　12
插　　页　2
字　　数　212 千字
定　　价　36.00 元

凡购买中国社会科学出版社图书，如有质量问题请与本社营销中心联系调换
电话：010－84083683

中国社会科学院
研究生重点教材工程领导小组

组　长：陈佳贵

副组长：武　寅

成　员：陈佳贵　武　寅　黄浩涛　施鹤安　刘迎秋

秘书长：刘迎秋

总　　序

中国社会科学院研究生院是经邓小平等国家领导人批准于1978年建立的我国第一所人文和社会科学研究生院，其主要任务是培养人文和社会科学的博士研究生和硕士研究生。1998年江泽民同志又题词强调要“把中国社会科学院研究生院办成一流的人文社会科学人才培养基地”。在党中央的关怀和各相关部门的支持下，在院党组的正确领导下，中国社会科学院研究生院持续健康发展。目前已拥有理论经济学、应用经济学、哲学、法学、社会学、中国语言文学、历史学等9个博士学位一级学科授权、68个博士学位授权点和78个硕士学位授权点以及5个自主设置硕士学位授权点、2个硕士专业学位，是目前我国人文和社会科学学科设置最完整的一所研究生院。建院以来，她已为国家培养出了一大批优秀人才，其中绝大多数已成为各条战线的骨干，有的已成长为国家高级干部，有的已成长为学术带头人。实践证明，办好研究生院，培养大批高素质人文和社会科学人才，不仅要有一流的导师和老师队伍、丰富的图书报刊资料、完善高效的后勤服务系统，而且要有高质量的教材。

20多年来，围绕研究生教学是否要有教材的问题，曾经有过争论。随着研究生教育的迅速发展，研究生的课程体系迈上了规范化轨道，故而教材建设也随之提上议事日程。研究生院虽然一直重视教材建设，但由于主客观条件限制，研究生教材建设未能跟上研究生教育事业发展的需要。因此，组织和实施具有我院特色的“中国社会科学院研究生重点教材”工程，是摆在我们面前的一项重要任务。

“中国社会科学院研究生重点教材工程”的一项基本任务，就是经过几年的努力，先期研究、编写和出版100部左右研究生专业基础课和专业课教材，力争使全院教材达到“门类较为齐全、结构较为合理”、“国内同行认可、学生比较满意”、“国内最具权威性和系统性”的要求。这一套研究生重点教材的研究与编写将与国务院学位委员会的学科分类相衔接，以二级学科为主，适当扩展到三级学科。其中，二级学科的教材主要面向硕士研究生，三级学科的教材主要面向博士研究生。

中国社会科学院研究生重点教材的研究与编写要站在学科前沿，综合本学科共同的学术研究成果，注重知识的系统性和完整性，坚持学术性和应用性的统一，强调原创性和前沿性，既坚持理论体系的稳定性又反映学术研究的最新成果，既照顾研究生教材自身的规律与特点又不恪守过于僵化的教材范式，坚决避免出现将教材的研究与编写同科研论著相混淆、甚至用学术专著或论文代替教材的现象。教材的研究与编写要全面坚持胡锦涛总书记在2005年5月19日我院向中央常委汇报工作时对我院和我国哲学社会科学研究工作提出的要求，即“必须把握好两条：一是要毫不动摇地坚持马克思主义基本原理，坚持正确的政治方向。马克思主义是我国哲学社会科学的根本指导思想。老祖宗不能丢。必须把马克思主义的基本原理同中国具体实际相结合，把马克思主义的立场观点方法贯穿到哲学社会科学工作中，用发展着的马克思主义指导哲学社会科学。二是要坚持解放思想、实事求是、与时俱进，积极推进理论创新”。

为加强对中国社会科学院研究生重点教材工程的领导，院里专门成立了教材编审领导小组，负责统揽教材总体规划、立项与资助审批、教材编写成果验收，等等。教材编审领导小组下设教材编审委员会。教材编审委员会负责立项审核和组织与监管工作，并按规定特邀请国内2—3位同行专家，负责对每个立项申请进行严格审议和鉴定以及对已经批准立项的同一项目的最后成稿进行质量审查、提出修改意见和是否同意送交出版社正式出版等鉴定意见。各所（系）要根据教材编审委员会的要求和有关规定，负责选好教材及其编写主持人，做好教材的研究与编写工作。

为加强对教材编写与出版工作的管理与监督，领导小组专门制定了《中国社会科学院研究生重点教材工程实施和管理办法（暂行）》和《中国社会科学院研究生重点教材工程编写规范和体例》。《办法》和《编写规范和体例》既是各所（系）领导和教材研究与编写主持人的一个遵循，也是教材研究与编写质量的一个保证。整套教材，从内容、体例到语言文字，从案例选择和运用到逻辑结构和论证，从篇章划分到每章小结，从阅读参考书目到思考题的罗列，等等，均要符合这些办法和规范的要求。

最后，需要指出的一点是，大批量组织研究和编写这样一套研究生教材，在我院是第一次，可资借鉴的经验不多。这就决定了目前奉献给大家的这套研究生教材还难免存在这样那样的缺点、不足、疏漏甚至错误。在此，我们既诚恳地希望得到广大研究生导师、学生和社会各界的理解和支持，更热切地欢迎大家对我们的组织工作以及教材本身提出批评、意见和改进建议，以便今后进一步修改提高。

陳佳贵

2005年9月1日于北京

目　录

第一章　研究的准备工作

内容提要

1　选题策略
2　文献查阅与综述
3　社会科学研究中的伦理问题
社会科学研究的伦理原则
涉及研究对象的伦理问题
研究者与伦理问题

第一节　选题策略

任何研究都是从选题开始，从一个普通问题转化为研究题目，进而再发展成有具体内容的研究设计。每位研究者都有个人的选题经历，不过从发表的研究成果中很难体味出他们选题时所经历的艰辛，那“众里寻他千百度”的求索，不断的思考、阅读、提问。绝大多数研究者的选题是基于自己多年的知识积累和研究成果，正如实证研究过程的循环往复，从发现问题、聚焦，到研究设计、研究实施，直至研究结果的撰写和发表，又提出了新的问题，从而启动了另一轮的循环过程。每项有价值的研究为进一步的深入研究提出研究问题，提供更多选题的资料和机会。对于初学者来说，从现有研究中发掘新的研究题目是选题的重要途径之一。

选题时首先要考虑的是研究题目的意义，例如国家社会科学基金项目申请书中首先要求申请者说明“本课题国内外研究现状述评及研究意义”。研究题目的相对重要性，主要考虑预期研究成果的学术价值和应用价值，学术价值在于研究成果能够为本研究领域增添新的知识或在研究方法上有所创新，应用价值则体现在研究成果对理解社会现象、解决社会问题或作为决策依据的贡献方面。选题应当保证研究的可行，因此要考虑各种研究条件，在给定的时间、资源和能力的情况下能够完成这项研究。最后，也是最重要的，在确定研究题目时一定要认真地反问自己：我对这个题目真的感兴趣吗？自己不感兴趣的事情是很难做好的。

选题时的主要考虑可以总结为五个要素：学科结构与研究现状、社会关注的问题、个人价值取向、社会需求、现实因素（Singleton 等，1993，67—69 页）。

1. 学科结构与研究现状

科学研究的目的是深入了解社会中某一事物、现象或为学科内容增加新的知识，所以选题的考虑之一是从本研究领域的理论和研究进展所提出的问题中选择研究题目。在这类考虑中，选题的框架根据研究领域的研究方向和专题构成，例如社会学中对于各种制度的研究领域可以划分为宗教、政治、教育、家庭等。随着某个研究方向的文献检索，就会发现各种不同研究成果之间的矛盾和空隙，通过新的研究有可能填补这些空隙或解决这些矛盾。例如，有研究者发现，在有关代际支持和老年人健康状况的研究中，代际支持的方式与途径、老年人居住安排及老年人对支持的需求之间存在着复杂的互动关系，仅从某一方式探讨代际支持对老年人健康及存活状态的影响会有失偏颇；此外，中国的相关研究结果还存在分歧。张震应用中国老年人健康调查数据和数理统计模型，深入研究了代际支持尤其是子女照料对老年人健康和存活的影响，特别是应用了父母—子女配对调查数据和联立方程模型，分离了子女生活照料对老年人健康的选择效应和促进效应，解释了以往研究中由于不能分离两种效应而存在的疑惑①。从这个要素考虑选题，需要有相应的知识积累，并对文献有全面的了解。

2. 社会关注的问题

社会科学研究的问题和社会问题密切相关，社会所关注的问题向来是社会科学研究课题的主要来源，特别是社会学领域的研究。历来的著名社会学家都关注社会重大问题，不少经典研究主题都源自彼时彼地的历史事件和历史发展进程及其随之而来的社会问题，例如工业革命、国际迁移、城市化等。很多人对社会科学感兴趣，也正在于它与人们身边的社会问题联系密切。由于当今社会发展速度很快，新兴事物层出不穷，也为社会科学研究的选题提供了更为广阔的空间和机会，例如有关互联网及其对社会

① 张震：《家庭代际支持对中国高龄老人死亡率的影响研究》，《人口研究》2002 年第 5 期；张震：《子女生活照料对老年人健康的影响：促进还是选择》，《中国人口科学》2004 年增刊。

各方面的影响，是经典题目中不曾有过的内容，而在信息时代，这一主题是社会科学研究者不可回避的，因此近年也受到各个学科的关注。对于初入门者来说，从社会关注的问题入手选题可能更为适合。

3. 个人价值取向

进行学术研究是一项费时费力的复杂工作，不仅需要时间和经费的投入，往往还困难重重，因此，决定做学术研究需要研究者有强烈的兴趣并全力地投入。维持研究兴趣的主要动力是对某个研究题目的持久和高度关注。因此，选题不仅要考虑其理论上的重要性、学术上的创新和对社会的实用意义，还在于研究者个人是否感兴趣。个人兴趣的培养与日常观察和经验、个人学术背景、研究合作者或导师的研究领域也都有关联。有时随着更多的文献查阅，研究者的兴趣可能会发生转移，但是这种发展过程仍将对最终形成研究问题有所帮助。

4. 社会需求

社会需求是影响选题的重要因素。社会和政治环境会影响到研究资助的取向，从而影响研究领域中不同题目的优先顺序。在不同时期和不同形势下，会形成不同的优先研究题目，尤其是重大决策需求具有更强的时效性，使得某些选题得到资助机构的特别关注和经费倾斜。例如 20 世纪 80 年代以来，发达国家的第二次人口转变和人口老龄化全面提升了对于婚姻家庭和老年问题的研究兴趣，这方面的研究经费也相对充足，涌现了大批相关的社会科学研究；再如当艾滋病在不同时期和不同国家蔓延时，国际组织和资助机构的大量研究经费先后投入到有关艾滋病各个方面的研究当中，从疫苗和抗艾滋病毒的药物研制到预防艾滋病的社会干预，巨大的社会需求和充足的经费吸引了众多社会科学研究者参与相关研究，最近十多年中国也有许多社会科学研究机构和组织得到国内外有关艾滋病问题的研究资助。有兴趣的读者可以在检索文献过程中，注意观察研究论文数量随年代推移的增减趋势，从中了解社会需求的变化。

5. 现实因素

对于现实而言，所有研究项目的主要问题是研究成本，即开展研究所必需的时间、经费和人力投入。这些资源的约束以及其他现实问题，如研究能力和技术、研究数据的可获得性，等等，都会使选题的内容、范围和性质受到局限。而在选题时这些现实因素是必须考虑的。例如，中国人口的出生性别比失衡问题已经持续了相当长的时间，但观察相关的研究论文发表情况，却有明显起落（见图 1.1）。这种现象既反映了出生性别比失衡问题受到重视的程度和对相关研究的社会需求，也反映了人口普查数据的发布为研究创造的条件。由于出生性别比这个指标在出生数量较大时（如上万）才能够有较稳定的测量，小规模的调查无法提供可靠的研究资料；一般人口普查数据发布都在普查发生后的2—3年间。因此，在1990年和2000年人口普查数据发布后，研究论文数明显增多。但21世纪的10年间论文数量明显多于前10年，则说明政府、社会和学界在21世纪对这个问题更加关注。

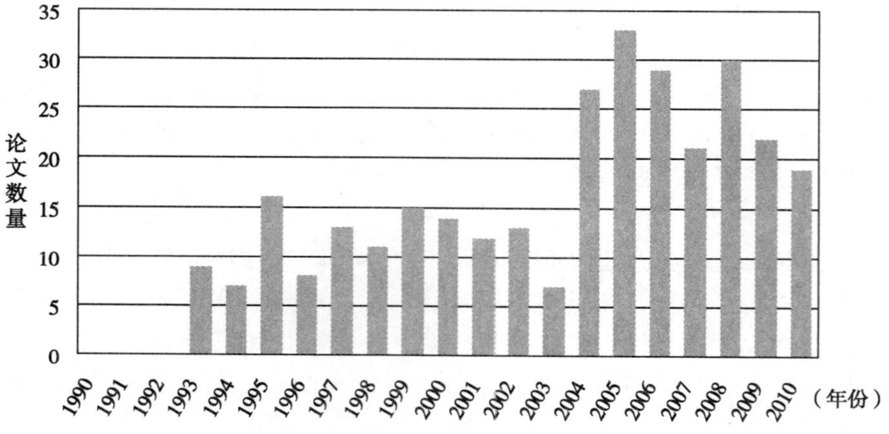

图1.1　1990—2010年有关出生性别比论文数量的变化

资料来源：CNKI数据库中国学术期刊网络出版总库的核心期刊中关键词有“出生性别比”的论文。

选题时还需要考虑的具体内容涉及研究对象的确定，研究对象的特征及其他相关因素的确定，研究变量之间相关性的考虑等。这些内容会随着阅读更多相关文献和对文献的梳理而逐渐清晰。因此，文献检索和综述在研究的准备工作中是不可缺少的一环，而且往往要花费很多时间和精力，甚至经常要超出最初的预期时间长度。

第二节　文献查阅与综述

社会科学研究已经有几百年的历史，极少有今人能想出的研究题目没有被以往的研究涉及。因此，了解已有的研究成果是所有研究在准备阶段必须要做的工作。通过文献的查阅和综述，研究者会对某个研究领域中的特定研究主题有更为全面系统的了解，从而更为明确自己的努力方向。本书将文献的查阅与综述统称为文献回顾。系统的文献回顾对于文献的选择和阅读都有着相对明确的目的，而在阅读的同时还要有读者自己的思考和提问。在规范的学术论文中，文献回顾是不可缺少的重要组成部分。

文献回顾不仅可以帮助研究者确定研究选题和学习借鉴研究方法，还有其他多重目的。首先，一篇研究论文或课题申请报告的文献回顾部分可以建立起读者与作者之间的信任，通过展示作者对相关研究成果的了解，使读者确信研究者的专业能力、学术背景和对这个研究题目的熟悉程度；其次，文献回顾向读者展示了以前的研究进程，并指出以往研究与本研究的联系；再次，通过对不同研究结果的综述，找出各种研究结果的一致性或矛盾所在，引申出尚待解决的主要问题和本研究的努力方向。文献回顾不仅是作者梳理思路的过程，也会使读者从中受益或得到启发。

系统全面且有合理结构的文献回顾能够形成一篇与选题相关的文献综述，也可以作为研究成果独立成篇（见例 1.1）。此外，汇总分析（meta analysis）是在方法上更为严格、最初多应用于综述定量研究（主要是实验研究）的一种方法，其主要工作为文献收集、鉴别、分类、整合分析或综述，其范围已经超出了“传统”意义上的文献综述，也有越来越多的研究完全基于汇总分析。

例 1.1　文献综述：老年人生活质量研究的国际动态

20 世纪 90 年代后期，中国人口老龄化问题日益受到各方面关注，相应的研究也逐渐增多。鉴于大多数发达国家先于中国进入了人口老龄化时期，已经有众多围绕老龄化的社会科学研究成果发表，借鉴国际的研究成果有利于中国老龄研究的发展。提高老年人生活质量是实现健康老龄化的重要组成部分，《老年人生活质量研究的国际动态》一文系统全面地综述了 20 世纪 80—90 年代有关老年人生活质量的国际研究成果，包括一些新兴领域的最新进展，文后附有 71 篇参考文献，为在中国老龄研究领域从事研究工作的学者及时提供了极有价值的信息。

这篇文章是对老年人生活质量国际研究的全面综述。第一部分综述了有关老年人生活质量评估指标的研究；第二部分重点介绍了老年弱势群体的生活质量研究，包括特别针对女性老人、高龄老人、残障和患病老人、住养老机构的老人、少数民族老人、贫困老人、老年人生命最后阶段的生活质量研究；第三部分介绍了以健康长寿为主要目标的提高老年人生活质量的研究，包括健康长寿的测度如健康预期寿命，以及对百岁老人的研究，生物医学、生物人口学和基因研究等；第四部分综述了老年人生活质量的跨国研究和跨文化研究，特别是发展中国家的老年人生活质量研究；最后一部分介绍了预防性干预项目的研究。

（资料来源：曾毅、顾大男：《老年人生活质量研究的国际动态》，《中国人口科学》2002 年第 5 期。）

当研究题目涉及内容较多、相关文献数量较大时，使用“文献图”对检索到的文献归类和组织，有助于文献回顾的梳理（Creswell，2009）。文献图的结构根据研究内容和结构建立，形式可以是自上而下的分层结构，也可以是自左至右的逐级关联结构，或者由多个相互关联的模块组成。每个模块由主题（或次级主题）和该主题下的相关文献列表构成，研究者此后可根据主题查到相关文献。这种方法既有利于研究者在进行长期大量的文献综述之后对文献的查找，也为文献综述搭建了基本框架。

图 1. 2 为按照例 1. 1 的综述构造的部分文献图示例。

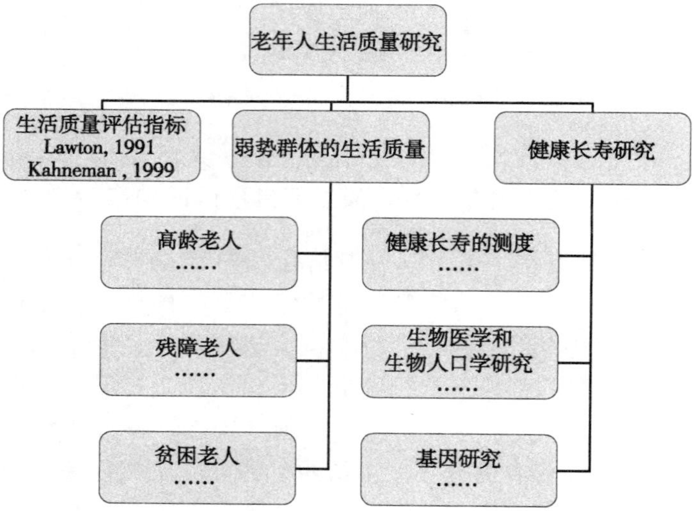

图 1. 2　应用于文献综述的文献图示例

在阅读文献时做笔记，有助于理清思路、发现问题和突出重点。

一篇文献回顾的笔记至少应当包括：

（1）研究主题；

（2）关键词或关键内容摘要；

（3）研究问题或研究假设；

（4）研究设计和分析方法；

（5）主要研究结果和结论；

（6）自己对这篇论文的看法和对该研究的评论。

应当特别注意的是，文献回顾并不是阅读笔记的拼接和文献的列举，也不是文献摘要的堆积，而是有系统、有结构、有条理的文献综述。在文献回顾时需要避免两种倾向，一种是文献的简单罗列枚举，另一种是对文献的大段摘录。这两种做法对作者和读者都了无益处。

文献来源有多种渠道，例如各学科的文献目录、索引或摘要，学术期刊，学术著作，研究生的学位论文，学术会议论文，研究机构或组织的研究报告或工作论文，政府文件和政策报告，各类统计资料，报纸杂志等。由于学术期刊基本都包括在电子数据库中，是检索文献最方便的来源。随着技术发展和知识积累的快速增长，网上资源和相应的检索方法不断更新和丰富，研究者需要持续更新知识，发现和充分利用网上资源，有助于全面和有效的文献查阅。

关键词在检索中起到至关重要的作用。找到合适的关键词才能帮助研究者找到相关性强的参考文献。有时找不到相关文献，可能不是因为没有人做过此类研究，而是用错了关键词。尤其需要提醒的是，要避免自造词汇，而是要尽力去发现已有研究成果中与自己设想的主题意思相近的词汇，这样才能找到合适的文献。此外，一篇规范的研究成果会附有比较完整的参考文献，因此也可以成为文献检索的重要线索。

在查找文献的过程中应当注意可靠性、选择性、相关性和完整性。

1. 文献的可靠性

在查找文献时首先需要注意文献来源的可靠程度，例如在查阅学术期刊时需要了解本研究领域各种刊物的特点，查阅研究报告时应注意研究者或研究机构的权威性等，在引用非学术刊物的资料时特别应当注意信息来源。为了加强文献来源的可靠性，应尽量引用初始的资料来源，而不是转引其他参考文献所引用的“二手”资料。特别需要注意引用网上文献时，应注意网站的权威性。

2. 文献的选择性

选择性是指要注意取舍，比如考虑文献的重要意义和代表性等。在文献资料极为丰富的今天，特别需要避免罗列过多相关程度不高的文献。

3. 文献的相关性

相关性主要是指引用文献要与自己的研究主题密切相关，有些文献可能为经典之作或出自学术权威之手，但如果与本研究主题并不是密切相关，就不应当包括进来；尤其需要避免的是罗列本领域的经典理论文献。

4. 文献的完整性

文献的完整性非常重要，在网上电子资源极大丰富、图书馆资源没有得到充分利用时尤其重要，因为总会有些资料文献没有转化为电子资料，例如早期出版的期刊、大部分学术专著、某些外文资料等，对网上资源的过分依赖可能严重影响文献的完整性。

随着文献查阅的进展，文献数量会越积越多，要在上百篇文件中快速查到自己需要的信息，就显得格外重要。在这方面，有多种文献检索与管理软件可以帮助我们更有效地存档和检索，提高文献查阅的效率。例如Notefirst、NoteExpress就是其中的两种。读者可以在相应的网页上找到相关信息和下载（分别为 http：//www. reflib. org/CompanyWeb/home. do，http：//www. notefirst. com/）。专栏 1. 1 以 NoteExpress 为例，介绍了这类软件普遍具有的功能。

专栏 1. 1：文献检索与管理软件简介

NoteExpress 是具有文献检索、文献管理、文献阅读和写作引用功能的文献检索与管理软件。用户可以利用 NoteExpress 提供的各项功能搜集、整理文献资料，阅读文献时可以随时写笔记。在撰写学术论文、学位论文、专著或报告时，用户可在正文中的指定位置添加文中注释，然后按照不同的期刊格式要求自动生成参考文献索引。

NoteExpress 主程序界面包括数据库及数据结构目录、题录列表和题录详细信息列表几大部分。主程序界面左侧的数据库及数据结构目录栏采用类似资源管理器的树形目录管理方式。NoteExpress 安装完毕后首次启动会打开自带的 Sample 示例题录数据库，该数据库存放在“我的文档”目录下，供新用户练习使用。用户可以在 NoteExpress 主程序的【文件】下拉菜单中点击【新建数库】来建立自己的数据库。用户新建的数据库包括题录、笔记、检索、组织和回收站五个部分。

题录是 NoteExpress 管理文献的核心，题录又称为摘要信息，是原始文献的替代物。NoteExpress 的题录列表栏显示当前文件夹内的所有题录条目。题录相关信息包括细节、预览、附件、阅读笔记等内容，细节中有每条题录的详细内容，附件则可以用来添加文献的全文以及其他相关附件。

NoteExpress 的主要功能有文献检索、文献管理和写作引用。

1. 文献检索

NoteExpress 提供了在线检索功能，用户可以在 NoteExpress 自带的数据库中利用标题、作者、关键词和出版或发表年份来检索期刊或图书。NoteExpress 自带的数据库包括中国期刊网、国家图书馆、朗润书目、Google 学术搜索以及国外许多大学图书馆在内的几百种数据源。利用 NoteExpress 检索到的文献可以用题录的形式保存下来，这样用户就可以在自己的电脑上看到期刊文献的摘要等内容。如果用户决定下载期刊全文，还可以利用附件的方式将题录与文件关联起来。

2. 文献管理

当研究者长期从事一项课题的研究时，不可避免会有重复下载文献或文献过多而难以快速检索等问题。研究者通常使用文件夹来管理文献，但是这一方法具有很大的局限性。一方面，某一文件夹中的文献资料数量如果过大，则难以检索；另一方面，当研究者进行两项类似的研究时，往往会用不同的文件夹来存贮文献，这些重复的文件也给查找使用带来了很多不便，同时也浪费了大量的存储空间。针对这个问题，NoteExpress 有查重的功能，用户可以查找并删除重复题录。另外，还可以利用虚拟文件夹来管理文献，同一条文献可以属于多个文件夹但数据库中只保存一条。修改任何文件夹中的该条题录，在其他文件夹下都会同时修改。

灵活的附件功能是 NoteExpress 的另一亮点。研究者从数据库检索并导入的题录，只有基本的题录信息。使用者可以将文献的全文、阅读文献的心得体会等内容以附件的形式与题录信息进行关联。

NoteExpress 还有检索功能，用户可以在【检索】下拉菜单中选择【在数据库中检索】或直接使用 F3 快捷键对自己的文献数据库进行检索，此外，用户可以用作者、关键词和作者机构三种方式作为节点对数据库中的文献进行展开，例如只要是数据库中有某个作者的题录，点击该作者，其文献会在右边题录详细列表中显示。

3. 写作引用

对于大多数用户来说，管理文献的主要目的之一是文章或论文撰写。NoteExpress 内置了多种国内外学术期刊、学位论文和国标的格式规范，通过 NoteExpress 插入文献，然后使用所需要的格式进行格式化，可以自动生成参考文献。

（本专栏由李玉柱撰写）

第三节　社会科学研究中的伦理问题

一　科学研究的伦理原则

伦理问题是关于道德上“应该”如何做的问题，是行为标准。我们通常所说应该做一个什么样的人，从伦理和道德的意义上说，成为一个“人”是要学的。但是仅有美德还不够，还需要规范在特定情境下应该做什么，不应该做什么。任何科学研究应当既保证科学技术方面的正确性，同时也要合乎伦理规范。作为社会科学研究者，也有需要遵守的行为标准。

涉及人类研究的伦理有三条基本原则：尊重他人、有利、公正。“尊重他人”主要指尊重研究对象的自主选择和决定，尤其应当注意保护弱势群体；“有利”原则意为研究过程应注意保护研究对象的社会、心理和身体的健康状态，尽量降低研究对象可能面临的风险，将保护研究对象作为研究者最重要的职责；而“公正”则含有风险和利益分配的公正问题，研究对象的公正选取问题，对弱势群体应采取特殊保护措施。

以人为研究对象的科学研究伦理原则最初见于1947年的纽伦堡法典①，针对在第二次世界大战的战犯审判中揭露的纳粹暴行，强调了在研究中对研究对象权益的保护。纽伦堡法典提出，为了尊重和保护研究对象的权益，在研究时应当得到研究对象的知情同意，作为一名合格的研究者应当采用科学合理的研究设计，研究设计和实施过程应当注意风险和利益的均衡，尤其规定参与研究者有自由退出研究的权利。其后的《赫尔辛基宣言》更进一步提出“研究参与者的完好状态重于科学和社会利益”，并特别提醒当研究者与参与者形成依赖关系时需要格外谨慎。

二　涉及研究对象的伦理问题

社会科学研究往往需要在现实社会中收集数据，包括利用问卷调查、访谈、观察等方法收集各种信息。

在研究中涉及研究对象的伦理问题时，最重要的是保护他们的权益不

① Nuremberg Code，其实称之为“纽伦堡准则”更为贴切，因其并不具有法律功能。不过，“纽伦堡法典”的译法已经在中国普遍使用。

受到侵害。研究伦理的三条基本原则体现在以下几个方面。

1. 尊重研究对象

在和研究对象交流和接触时需要注意尊重对方，首先是应当在对方自愿同意参与之后才进行研究工作，其次是在研究过程中对研究对象的尊重，注意不要伤害对方。"伤害"不仅指身体和生理方面，在社会科学研究中更可能发生的是精神和心理上的伤害，例如由于研究者居高临下的态度使研究对象感到丧失了自尊或压抑，在访谈中对隐私的探究令人窘迫和为难，或追究研究对象不愉快的回忆，等等，都可能会使研究对象受到心理上的伤害。注意研究选题时应考虑尽量使研究对象获益，而不是使他们更为边缘化或处于更为弱势的地位。

2. 慎重权衡风险/损失与获益

参与研究者往往会直接或间接地面临风险或有所损失，例如青年人参加座谈会耽误了上班时间，在交谈中勾起了伤心事，等等。在研究设计和实施过程中应当注意仔细设计规划，尽量减少这些可以预见的风险或损失，也可考虑给参与者适当的补偿，这些补偿可与损失相关，比如访谈时间很长就应当增加补偿，但是需要注意，科学研究不同于商业行为，不要给人以购买信息的印象。在社会科学研究中，参与者极少能够直接获益，因此注意在介绍研究目的和获益时，不应当为了吸引人参加研究而夸大可能的获益，更要避免欺瞒研究对象的做法。在有条件时，可以在调查的同时向研究对象提供信息和知识，使他们间接获益。

3. 知情同意和自愿参与

在需要向研究对象直接获取信息时，例如访谈和问卷调查，要使参与者在自由和知情的前提下做出决定，自愿参与研究。知情同意也体现了尊重参与者的权利，同时参与者也同意承担义务。知情同意是一个过程，包括向对方说明来意、解释研究目的和调查的主要内容、回答对方提出的问题，最后在对方同意后再开始正式调查。

知情同意的过程中包括四个要素：

（1）对方有决定能力。知情同意的假设是，任何负责的、成熟的个人在充分了解情况后能够作出正确的决定。对于不能独立作出决定的人，知情同意不适用，例如儿童、囚犯、有智力障碍的人。

（2）保证完全自愿。在征求对方同意参与研究时，需要留出时间让对方思考作出决定，不应当直接或间接以暗示的方式施加压力。

（3）完整合适的信息。在知情同意过程中需要向对方简要解释研究步骤和研究目的，介绍参与研究的预期风险，合理描述参与研究的预期获益，提供相应的其他可能选择，回答对方关于研究步骤的所有问题，特别应注意告知对方，如果退出研究不会有任何损失。

（4）理解。要保证参与者完全理解所接受的信息内容，这就需要研究参与者有相应的受教育程度，有咨询、商量和讨论的机会，并且有足够的时间理解这些信息。

4. 隐私与保密

为研究对象保密是研究者的责任。研究对象有隐私权，在收集信息时不应询问与研究内容无关的隐私问题。在研究过程中涉及隐私问题的有三个方面。第一是信息的敏感性，如研究对象的姓名、联系方式或身份证号码等，都是个人的敏感信息，需要谨慎保管；另一种敏感问题是涉及宗教信仰、政治态度或个人收入等。第二是观察场所的隐私性，如家庭的卧室、卫生间等，需要得到主人的允许。第三是在信息公布时，不应公开任何可以识别个人身份的信息，例如在发表研究成果时去掉个人和地区的标志。

三 研究者与伦理问题

作为一名社会科学研究者，会面对来自各方面的压力，有些压力会使人更努力地工作，而有些压力则会限制研究者的选题、研究设计和研究实施。这些压力可能来自各种管理规定和条例、研究经费、时间安排、研究参与者和研究合作者等不同方面。在这些压力下依然能够遵从科学研究伦理行事，是合格的研究者必备的素质。

1. 选题和研究设计

压力和限制体现在研究工作的整个进程中，从选题和设计开始直到研究成果的发布。在开始为研究做准备时，外界压力往往会影响研究的选题，资助者的倾向最有可能左右选题内容。面对压力，研究者依然应当考虑选题的合法性和合乎伦理，尤其应当注意研究成果对社会的积极效应，避免选择容易产生消极效应的研究题目。选题时更为常见的压力，可能是资助机构的关注点并不一定具有学术价值但有一定的现实意义或实用价值，有时对课题的资助带有强烈和明确的目的。研究者在决定承担这种课题之前需要谨慎思考，首先需要考虑学术价值和应用价值的轻重缓急，其次要留意是否能够在种种要求之下仍能保持研究的自主性和研究质量。例如有些资助方因为对社会科学研究不甚了解，提出在短时间内和经费相对少的情况下做较大规模的调查，而这往往是不能由科学的方法来完成的。

在研究选题和实施时特别需要注意伦理问题，这些问题包括：

（1）是对与研究相关者的有利或无害，所谓与研究相关者，不仅包括研究对象本人，有时可能还会涉及他们的家人、亲友、同事或邻居，尤其注意不要伤害弱势群体；

（2）选题应当明确是科学研究而非以盈利或谋取其他个人私利为目的，研究目的应当明确而不应隐瞒；

（3）研究目的应当是解决社会问题，而不是激化问题；

（4）应当特别注意，选题时已经发现很可能是对已有研究的复制，却不愿放弃而在发表时特意不引用已有研究发现并宣称为创新，也是较为恶劣的伦理问题。

2. 研究实施

在研究实施的进程中，研究者会因面对种种压力而面临学术行为失当的风险。例如在研究过程中偏离原有的科学的研究设计，往往导致简化研究步骤和内容，或对研究内容进行事后弥补。如果真的出现无法预料且不可改变的情况，影响研究按照设计方案实施，研究者需要对实施方案的改变提出充分的理由和明确的解释，并在条件许可的情况下尽可能保证研究实施的科学性。

在数据收集过程中，需要在取得当事人或权威人士（或称“守门人”）的同意之后再进入现场，并且需要注意在研究实施过程中不干扰研究现场的正常运行。例如注意观察方式、时间和环境，如果需要访谈时应注意访谈对象的方便。此外，社会科学研究的数据收集应当保持客观和自然，即在自然的场景中收集常规的资料，而不应当“制造”资料，也不应当诱导访谈对象或歪曲访谈对象的言论。

在数据分析过程中，需要注意个人隐私信息的妥善处理，避免将个人信息暴露于公众，例如在报告中直接使用访谈对象的绰号，随便将带有个人信息的原始数据公开或给课题组以外的人员使用。而在解释数据分析结果时应当力求准确、全面，应在报告中说明数据的误差或局限，尤其应当注意的是，研究报告不应当隐瞒已经意识到的数据局限或分析方法的局限。

3. 使用他人研究成果

当前几乎所有的研究都不可能是“白手起家”，往往是在前人研究的基础上进行更深入的研究或不同角度的探索。因此，研究过程中尤其是撰写报告时难免要引用别人的研究成果。在引用研究成果时需要遵循的原则是：

（1）尊重他人的学术贡献，不将他人成果据为己有；

（2）引用他人成果时应提供正确和充分的信息，不应为了自己的目的而断章取义或歪曲别人的结论。

在具体做法上，应当避免整段照抄别人的观点或结论而不注明引文来源，不完整或模糊地引用他人成果，明知已经有类似研究成果而刻意不引用，等等。

4. 研究成果的发表

一项研究完成后，大多数研究成果必然会以各种不同形式发表。研究成果发表之后，就成为公共知识，研究者不再能够控制。因此，研究成果何时发表，在何处发表，以何种形式发表，发表的内容等，都需要经过谨慎周密的思考。直接涉及伦理问题需要考虑的问题涉及方方面面，例如：

- 研究资料和信息是否适合公开；
- 研究成果内容是否科学、客观、无偏见；
- 报告语言是否有歧视和偏见的用语或产生消极社会影响的结论；
- 团队研究成果的发表，还涉及发表者的署名问题，例如有些署名者并没有看到该研究成果或根本不同意研究成果，但因为是学术权威所以“被署名”（不少国际学术期刊在文章发表前都要求所有合作者的书面认可），或作为某种交换形式“挂上”没有对研究作出贡献的人；另一方面的问题是，青年助手或学生参与了主要的研究却没有署名；这些做法都是有悖伦理的；
- 实证研究成果发表时，应当公布研究设计和实施的细节；
- 此外，在研究成果发表时，应当对其他人或资助机构对研究的支持、协助和贡献表示感谢。同时还应当注意，在成果发表前应当征求被致谢者的同意。

教育部于2004年发布了高校社会科学研究学术规范，其中对引文规范和成果规范都有明确的规定（见专栏1.2）。

专栏1.2　教育部颁发的高等学校哲学社会科学研究学术规范及其指南

高等学校哲学社会科学研究学术规范

一、总则

（一）为规范高等学校（以下简称高校）哲学社会科学研究工作，加强学风建设和职业道德修养，保障学术自由，促进学术交流、学术积累与学术创新，进一步发展和繁荣高校哲学社会科学研究事业，特制订《高等学校哲学社会科学研究学术规范（试行）》（以下简称本规范）。

（二）本规范由广大专家学者广泛讨论、共同参与制订，是高校师生及相关人员在学术活动中自律的准则。

二、基本规范

（三）高校哲学社会科学研究应以马克思列宁主义、毛泽东思想、邓小平理论和“三个代表”重要思想为指导，遵循解放思想、实事求是、与时俱进的思想路线，贯彻“百花齐放、百家争鸣”的方针，不断推动学术进步。

（四）高校哲学社会科学研究工作者应以推动社会主义物质文明、政治文明和精神文明建设为己任，具有强烈的历史使命感和社会责任感，敢于学术创新，努力创造先进文化，积极弘扬科学精神、人文精神与民族精神。

（五）高校哲学社会科学研究工作者应遵守《中华人民共和国著作权法》《中华人民共和国专利法》《中华人民共和国国家通用语言文字法》等相关法律、法规。

（六）高校哲学社会科学研究工作者应模范遵守学术道德。

三、学术引文规范

（七）引文应以原始文献和第一手资料为原则。凡引用他人观点、方案、资料、数据等，无论曾否发表，无论是纸质或电子版，均应详加注释。凡转引文献资料，应如实说明。

（八）学术论著应合理使用引文。对已有学术成果的介绍、评论、引用和注释，应力求客观、公允、准确。伪注，伪造、篡改文献和数据等，均属学术不端行为。

四、学术成果规范

（九）不得以任何方式抄袭、剽窃或侵吞他人学术成果。

（十）应注重学术质量，反对粗制滥造和低水平重复，避免片面追求数量的倾向。

（十一）应充分尊重和借鉴已有的学术成果，注重调查研究，在全面掌握相关研究资料和学术信息的基础上，精心设计研究方案，讲究科学方法。力求论证缜密，表达准确。

（十二）学术成果文本应规范使用中国语言文字、标点符号、数字及外国语言文字。

（十三）学术成果不应重复发表。另有约定再次发表时，应注明出处。

（十四）学术成果的署名应实事求是。署名者应对该项成果承担相应的学术责任、道义责任和法律责任。

（十五）凡接受合法资助的研究项目，其最终成果应与资助申请和立项通知相一致；若需修改，应事先与资助方协商，并征得其同意。

（十六）研究成果发表时，应以适当方式向提供过指导、建议、帮助或资助的个人或机构致谢。

五、学术评价规范

（十七）学术评价应坚持客观、公正、公开的原则。

（十八）学术评价应以学术价值或社会效益为基本标准。对基础研究成果的评价，应以学术积累和学术创新为主要尺度；对应用研究成果的评价，应注重其社会效益或经济效益。

（十九）学术评价机构应坚持程序公正、标准合理，采用同行专家评审制，实行回避制度、民主表决制度，建立结果公示和意见反馈机制。评审意见应措辞严谨、准确，慎用“原创”、“首创”、“首次”、“国内领先”、“国际领先”、“世界水平”、“填补重大空白”、“重大突破”等词语。评价机构和评审专家应对其评价意见负责，并对评议过程保密，对不当评价、虚假评价、泄密、披露不实信息或恶意中伤等造成的后果承担相应责任。

（二十）被评价者不得干扰评价过程。否则，应对其不正当行为引发的一切后果负责。

六、学术批评规范

（二十一）应大力倡导学术批评，积极推进不同学术观点之间的自由讨论、相互交流与学术争鸣。

（二十二）学术批评应该以学术为中心，以文本为依据，以理服人。批评者应正当行使学术批评的权利，并承担相应的责任。被批评者有反批评的权利，但不得对批评者压制或报复。

七、附则

（二十三）本规范将根据哲学社会科学研究事业发展的需要不断修订和完善。

（二十四）各高校可根据本规范，结合具体情况，制订相应的学术规范及其实施办法，并对侵犯知识产权或违反学术道德的学术不端行为加以监督和惩处。

（二十五）本规范的解释权归教育部社会科学委员会。

（经教育部社会科学委员会2004年6月22日第一次全体会议讨论通过）

教育部学风建设委员会推出学术规范指南

近日，教育部社科委学风建设委员会组织编写的《高校人文社会科学学术规范指南》已由高等教育出版社出版发行。这是继2004年教育部社科委出台《高等学校哲学社会科学研究学术规范》之后，又一关于人文社会科学研究学术规范建设的重要举措。

……

《指南》共有8节，在学术伦理层面，着重说明了人文社会科学学术研究者应具有的基本价值观和应具备的职业操守；在技术规范层面，着重介绍了人文社会科学学术研究的基本程序、技术标准和规则；在纪律和法律层面，则着重阐释了与人文社会科学学术研究有关的规章制度和法律条文，并针对现实情况说明了违法和违规行为将会产生的严重后果与不良影响。

（转自《中国教育报》2009年7月7日第一版）

本章小结

- 研究者根据预期研究成果的学术价值和应用价值选择研究课题。选题时应考虑的五个要素为：学科结构与研究现状，社会关注的问题，个人价值取向，社会需求，现实因素。
- 系统的文献查阅和综述是选题过程的必要环节。应用文献图可有助于梳理数量较多的文献。目前已经有多种文献管理软件可有助于文献的存储和查找。
- 涉及人类的科学研究需要遵守三条基本伦理原则：尊重他人、有利、公正。
- 社会科学研究伦理原则体现在：尊重研究对象，慎重权衡研究可能导致的风险与获益，研究参与者的知情同意和自愿参与，尊重研究对象的隐私并注意保密。
- 研究者在选题、研究设计、研究实施、引用他人成果和发表研究成果时，都应注意遵循伦理原则。

思 考 题

一、名词解释

选题策略　文献综述　文献图　伦理原则　知情同意

二、论述题

1. 选题时需要权衡各种要素，请根据您的条件为各种要素排列优先序。

2. 在选题过程中，若发现您想做的研究受到某些现实因素的限制，如何解决这个问题？

3. 本学科较为常用的文献和信息来源有哪些？

4. 请列举一种网上文献资源及其使用方法。

5. 在您的研究领域可能存在哪些伦理风险？

6. 在您的研究中如何避免违反伦理原则？

参考文献

1. E. 巴比：《社会研究方法》（第 11 版），邱泽奇译，华夏出版社 2009 年版。

2. 风笑天：《社会学研究方法》，中国人民大学出版社 2001 年版。

3. L. 纽曼：《社会研究方法：定性和定量的取向（第 5 版）》，郝大海译，中国人民大学出版社 2007 年版。

4. 袁方主编：《社会研究方法教程》，北京大学出版社 1997 年版。

5. John W. Creswell（2009）Research Design：qualitative，quantitative，and mixed methods approaches. Los Angeles，Sage.

6. C. Frankfort-Nachmias and D. Nachmias.（2008）Research Methods in the Social Sciences（7th Ed.）New York，NY：Worth.

7. Singleton，Straits，Straits.（1993）Approaches to Social Research. Oxford，Oxford University Press.

第二章　研究方法设计

内容提要

1　研究方法的选择

定量、定性与混合式的研究方式

研究目的与方法选择

不同时间特点的研究

根据资料收集方式分类的不同研究方法

2　从实验研究的思路看研究设计的有效性

实验研究的内在有效性

实验研究的外在有效性

实验设计的 7 个要素和主要方法

3　概念的操作化和研究变量的设定

概念的操作化

变量的设定

分析单位

4　测量

测量过程

测量误差

测量效度

测量信度

定性资料的效度与信度

5　指标与指数

在确定了研究方向和研究主题并作了一定的准备工作之后，接下来需要制订详细的研究计划，其中的重要内容就是研究方法设计。研究方法设计是否合理，直接影响到研究成败和研究质量，所以这是实施研究前的关键步骤。

研究方法设计的过程事实上与准备阶段有所重合。在文献查阅、回顾和综述中，以往相似研究所使用的方法都可以借鉴和参考。有些多人参与或多方合作的研究课题，往往以启动会议（inception meeting）的形式制订研究方案，在会议上重温研究背景和研究目的，总结前一阶段的准备工作，讨论研究计划和具体实施方案，在启动会议的基础上，确定和完善研究计划。

研究计划的基本内容至少应当包括：研究题目、研究目的和意义、文献回顾、研究对象、研究框架和测量、资料收集方法、资料分析方法、时间表和经费。在着手制订研究计划时，需要考虑四个核心问题的具体内容和细节：研究对象是谁、需要收集哪些信息、如何安排时间表、如何操作。随着研究设计进程，这四个问题的答案逐步清晰，它们决定了研究方法的选择和具体设计。

第一节 研究方法的选择

一 定量、定性与混合式的研究方式

在具体确定研究方法时，首先要考虑的是研究方式。实证研究可以分为定量、定性以及两者兼有的三种方式。研究方式的选择，不仅与研究目的、研究内容和研究类型相关，也与研究条件、研究者的专长和经历相关。其次需要考虑的因素是研究成果的主要读者，如本专业领域的学术刊物读者群、学术会议的听众、本系的学术委员会、本领域的决策者或项目管理者等，不同读者和不同专业领域对研究方法的偏好和接受程度都不相同。

1. 定量方式

定量研究往往从了解现状入手，满足更清晰准确地描述现状的需求，例如要了解某个特征人群的比例在研究对象中占60%还是占80%，而不满足于“大多数”这个估计。不过，定量研究并不仅限于了解现状，还有的研究目的是为了检验研究假设，分析各变量之间的关系，证实或否定某种因果关系，比较不同群体之间的差异，并深入挖掘造成差异的原因等。这样的定量研究涉及足够规模的数据收集，应用标准且较有效的测量工具（如调查问卷）和统计分析方法。定量研究的结果一般是可复制、可推广的。

2. 定性方式

定性研究往往应用于对问题的探讨或对个案的深入研究。这类研究的

资料内容主要由文字、语言或通过观察得到的信息组成，常常采用参与式或面对面的与研究对象交流的方式，或通过查阅志书、文献、宗卷、档案等方法收集资料。与定量研究相比，定性研究不一定制订特定目标和假设，不必设计变量和统计检验，研究问题往往是开放性的。定性式研究的数据收集和分析更为灵活，当然也在更大程度上取决于研究者的技能和偏好。定性式研究的结果很难复制。在不少文献中，将定性研究方法与质的研究方法交互使用，尽管两者在具体定义上可能有所不同。

3. 混合式

近年来在社会科学研究中涌现出更多应用定量和定性方法相结合的研究。如果有条件的话，这两种方法可以取长补短，从而使研究内容更为充实全面，使研究更为深入，使研究结果更为科学合理。在实际研究进程中，不同的研究方式并没有非常清楚的界限，只不过是有不同的侧重而已，这些方法之间更不应相互矛盾和对立。以下介绍的不同研究分类中，既有定量研究，也有定性研究。

二　研究目的与方法选择

如果根据社会科学研究的基本目的，可以把研究分为三类：探索性研究、描述性研究和解释性研究。

探索性研究

一般探索性研究的目的是探索未知因素、了解基本事实，也就是初步回答“是什么”的问题，为下一步研究作准备。有些探索性研究的结果没有发表，而是发展成更为系统和深入的研究课题。因此探索性研究往往发生在研究的初级阶段，需要对以往知之甚少的事物多方了解，回答“是什么”这类问题。

在探索过程中，一般不设定明确研究目标或研究假设，更不涉及预测变量或统计检验，而是较为宽泛地了解某件事物或某种现象。研究者通常需要围绕初始提出的中心问题寻找新的研究思路或理论假说，提出或提炼更多更深入具体的新研究问题，并在了解更多信息后确定未来研究方向，决定下一步研究的可行性，制订未来研究方案。因此，探索性研究具有创造性、开放性和灵活性，可以随时调整研究方向和研究方法，往往不一定要求有结论性的明确答案。

读者不难发现，由于以上特点，探索性研究主要适合应用定性研究方法，如实地观察、访谈或座谈会等。

例 2.1　探索性研究

20 世纪 90 年代，农村向城市劳动力迁移的规模不断增长，流动人口在城市中工作并增加了收入，同时也面临各方面问题。由于流动人口中的妇女大多为未婚青年，她们的生殖健康状况和需求开始受到关注。但当时关于这方面的信息只限于媒体对个案的零星报道，缺乏系统的实证资料。1998 年在世界卫生组织的资助下，在北京、上海、广州、贵阳和太原开展了关于外来青年女工生殖健康状况和服务需求的探索性研究。该研究在 5 个城市组织了 22 个专题座谈会，总计有 146 名 16—25 岁、在城市中居住半年以上的年轻女工参加，课题组还对 58 名外来青年女工（包括 8 位已婚妇女和 2 位将近 30 岁的妇女）和几位青年男工进行了深入访谈，并访谈了 16 名计划生育工作者、医生、工厂宿舍管理员、流动人口管理人员。调查结果发现，城市外来青年女工中有相当一部分人已经有性生活经历，然而她们缺乏生殖保健意识、缺乏基本的避孕知识、不了解获得避孕药具的途径或不好意思获取，在发生了非意愿妊娠后的选择是人工流产或赶紧结婚。调查还发现各个城市都缺乏面向未婚外来人口的计划生育服务，针对未婚人群的计划生育宣传教育也不够。基于该研究发现的研究成果在中外学术刊物上发表，并以世界卫生组织政策简报的形式传播。

（资料来源：郑真真、周云、郑立新等：《城市外来未婚青年女工的性行为、避孕知识和实践》，《中国人口科学》2001 年第 2 期。）

描述性研究

描述性研究的目的是获得准确的“全景图”和相关背景材料，更进一步还会包括对过程、机制和关系的描述，即不仅更准确全面地回答“状况、特点和性质是什么”，还探索形成这种现状的原因。这些研究的结果通常用具体数量和百分比来描述，并较多应用图表展示。这类研究通过较为全面的信息资料，可以找到具有启发性的信息，发现有规律性的模式和特点。

在着手设计描述性研究、选择研究方法时，最好建立研究框架或研究假设，在这些框架之下考虑需要收集的信息，例如对不同特征的定义，对数量、结构的描述要求等。界定描述对象和内容时，还应当明确研究的时间跨度、地域范围和描述层次。

描述性研究的时间跨度可分为当前状况、历史演变和未来趋势三种。

当前状况是在描述中最多见的，准确及时的状况描述也是社会需求较多的。但如果进一步要求对当前状况所形成的原因或相关因素深入分析或需要总结具有规律性的趋势时，则需要对当前状况的历史演变有更多了解。尤其在比较研究中，两个现状相似的地区（或国家），因其历史发展轨迹不同，有可能未来发展趋势也不同。而许多研究的社会需求并不满足于了解现状，更需要判断未来发展趋势，在这种情况下，仅有对现状的描述还不能对发展趋势作出准确判断，有时甚至会由于对历史的片面了解或误解而对发展趋势作出完全错误的判断。这一点在选择研究方法时需要特别注意。

描述性研究的地域范围大都从行政区划考虑，绝大部分统计数据也都是以行政区划为单位统计的，如国家、地区，或一个国家中的省、市、县等，甚至考虑到城市中的街道或农村中的乡镇乃至行政村。

在描述层次方面，需要明确是宏观还是微观，是群体还是个体。虽然多数描述性研究的结果是以群体平均水平的形势报告，但仅在群体层次收集的信息不可用于个体结论，否则就会得出错误结论（本章后面将介绍这种层次混淆的错误）。

与探索性研究相比，描述性研究的目标和步骤都很明确，结果清楚。为了达到描述性目标，一般这类研究都应用定量研究方法，通过较大样本的抽样问卷调查或普查收集信息，如人口普查、市场调查和社会调查等。

例 2.2　描述性研究

中国卫生部于 2002 年 8—12 月在全国开展了“中国居民营养与健康状况调查”。这是我国第一次有关营养和慢性非传染性疾病流行病学综合调查，132 个调查点覆盖了全国各类地区，最终样本为 243419 人，对全国人口具有代表性。该项调查数据的分析报告《中国居民营养与健康状况调查报告之一：2002 综合报告》，详细描述了中国居民的膳食、营养状况、高血压、糖尿病、肥胖和血脂异常等与膳食相关的慢性病的患病率。该报告不仅描述了以上内容，还介绍了调查背景、调查方法和质量控制、对样本代表性的评价等相关内容，并在书后附有调查表及填表说明。

（资料来源：王陇德主编：《中国居民营养与健康状况调查报告之一：2002 综合报告》，人民卫生出版社 2005 年版。）

解释性研究

解释性研究是在对事物或状况了解清楚之后，发现原因并预测趋势或后果，即回答“为什么”或更进一步回答“如果……那么……”这样的预测性问题。寻求或验证相关关系和因果关系是这类研究最为常见的目的，尤其是发掘变量之间隐含的关联。解释性研究也往往带有对理论或原理进行验证的目的，或在新的形势/背景下通过实证完善现有理论，或将现有理论扩展到新的领域。在这类研究中，需要有研究框架或研究假设指导整个研究的设计。

解释性研究常以定量方式进行研究，而有越来越多的解释性研究采用混合式研究方法，因为仅依靠定量信息往往难以深入理解因果关系及其影响机制。相对来说，解释性研究需要有更为周密和复杂的设计。

以上介绍的三类研究的共同特点是需要收集和分析数据。更确切地说，应当是收集和分析资料。这里说的数据不仅指数字，还包括文字、图像、声音、实物等可供分析的原始资料。不同研究应用不同特点的数据，而数据特点不同，收集方法也不同。探索性研究主要应用实地研究方法，收集定性资料；描述性研究和解释性研究多以收集定量数据为主，例如通过抽样调查获得数据或应用普查结果等，有些解释性研究则通过实验法获得定量数据。不过，在收集数据时都需要考虑一个共同的问题，即数据的时间维度。

三 不同时间特点的研究

在现实中收集的所有数据资料一般都具有明确的时间特征，在研究设计时需要根据研究目的确定数据收集的时间特点。大致可以根据这些特点将研究分为三类：截面研究（cross-sectional study）、历时研究（longitudinal study）和近似历时研究（approximating longitudinal study）。

截面研究

截面研究也称为横向研究，该研究所收集的数据将状态确定在某个时段或时点，例如民意测验具有很强的时效性，又如科普知识一般会受到大众传媒的影响，在集中宣传前后会有明显不同，对于这类调查来说，收集数据的时间对于研究结果及其解释非常重要。普查和一次性问卷调查所收集到的也是截面数据，例如中国2010年第六次人口普查的时点是2010年11月1日零时，按照这个时点登记的内地总人口为1339724852人。这样规定以后，可以和2000年11月1日零时的第五次人口普查登记的人口总数直接比较，如与2000年相比，中国人口规模在10年间共增加了

73899804 人，增长 5.84%，年平均增长率为 0.57%[①]。

截面研究方法最常用于描述性研究，如果需要用于解释性研究的话，则需要在调查表或问卷设计上下工夫，使之能够从静态状况反映出动态过程。例如，一般来说父母完成学业会在子女完成学业之前，所以可以假设父母的受教育程度影响子女的受教育程度，如果在问卷调查当中询问调查对象本人的受教育程度时，也了解父母的受教育程度，就可以分析教育的代际影响。又如，2001 年全国计划生育/生殖健康调查的个人问卷中，详细询问了被调查妇女每次怀孕以及怀孕期间接受服务的情况[②]，因此可以分析她的生育行为随时间推移的变化，描述出一个动态过程。

不过，利用时点信息研究时期问题是有风险的，因为距离调查时越久远的事情越容易被忘记或记错，还有可能调查对象为了迎合当前的潮流有意更改历史上发生的事情。另外，有时因为无法判断有些社会现象或个人行为发生的时序，从而很难验证因果关系。例如，在与健康有关的调查中，常常会发现健康状况不好或曾经有健康问题的人，健康知识得分更高，但我们不能因此下结论为知识越多越不健康，因为往往是健康有问题的人会主动去学习知识、了解自己的问题。所以，为了满足这些研究目的，更好的方法是应用历时研究。

历时研究

历时研究是跨时段的调查研究，与截面研究相对应，有时也被称为纵向研究。该研究通过在不同的时点收集数据，反映不同年代的状况和变化过程。这种设计用于分析因果关系更为合适，但也是一种成本较高的研究。根据不同的跨时段比较对象，历史研究又可进一步分为趋势研究、同期群研究和同组跟踪研究。

趋势研究（trend study）是在不同时点收集某个研究群体的信息，以此观察研究对象或研究变量在这个时间跨度中的变化。这类研究中的研究群体往往是数量较大的一般群体，如一个国家或地区的总人口，所描述的趋势主要体现主流群体的变化。例 2.3 即为利用两次人口普查描述全国青少年在这 10 年间受教育状况的变化。在这种趋势研究中，如果时间跨度较长，有多个时点的数据就能更真实地描述发展过程，因为这种过程不一

① 见中华人民共和国国家统计局：“2010 年第六次全国人口普查主要数据公报（第 1 号）”，2011 年 4 月 28 日公布。

② 潘贵玉主编：《2001 年全国计划生育/生殖健康调查数据集》，中国人口出版社 2003 年版。

定是呈线性平稳发展的，尤其是与政策相关的社会经济变动，可能在较短时间内就引起变化，如20世纪后期中国的大学“扩招”显著提升了大学入学率，而在此之前的变化与之相比微不足道，如果研究大学的入学问题时能增加1995年这个时点（即应用1%人口抽样调查数据），将会比应用10年的时间跨度更为理想。所以，在趋势研究中需要了解所研究的时间跨度中发生的所有相关社会经济变化，才能更好地把握研究设计。趋势研究需要注意的另一个问题是不同时点的研究对象虽然是不同的样本，但在特征上应当相似，从而具有可比性。

例2.3　趋势研究

图2.1利用两次人口普查数据观察和比较1990年和2000年普查时10—18岁青少年的在校状况，反映这10年间中国在中等以下教育方面的发展。本例中比较了农村中两个时点相同年龄和相同性别青少年的在校率，同时将2000年城镇青少年的在校率作为参照。没有对城镇青少年分性别的原因，一是城镇青少年在校率几乎没有性别差异，二是为了突出农村变化和存在的问题（因为10年中的城镇变化相对较小）。分析发现，最为显著的变化是10年间农村初中教育的改善，即与1990年相比，更多十四五岁的农村青少年在学校读书；其次是农村青少年中性别差距的缩小，即与1990年相比，2000年农村女性青少年的在校率更接近农村男性青少年。该研究通过比较两次普查结果的相应变量取值、两个时点变量值的差距以及对教育变量的影响因素变化，发现青少年接受小学和初中教育方面的城乡差距、地区差距和性别差距都在缩小，西部地区的改善更为显著，但同时也发现农村高中升学难的问题在这10年间基本没有解决。

（资料来源：郑真真、牛瑞琴：《从两次人口普查结果看中国教育发展》，《人口与经济》2008年第4期）

同期群研究（cohort study）也可称为队列研究。“队列”是人口学中常用的名词，指在同一时期经历了同一起始事件的一群人，如同年出生的人、同年结婚的人，等等。同一队列的人，往往都会经历相同的历史事件，因此在社会科学分析中是一个重要的特征。此处的同期群，指的是在某段时期具有共同特征或共同经历过某种社会事件的人群①。相对而言，

① 需要提请读者注意的是，在流行病学中，“队列研究”指跟踪同一组人的历时研究，类似于下文提到的“同组跟踪研究”。

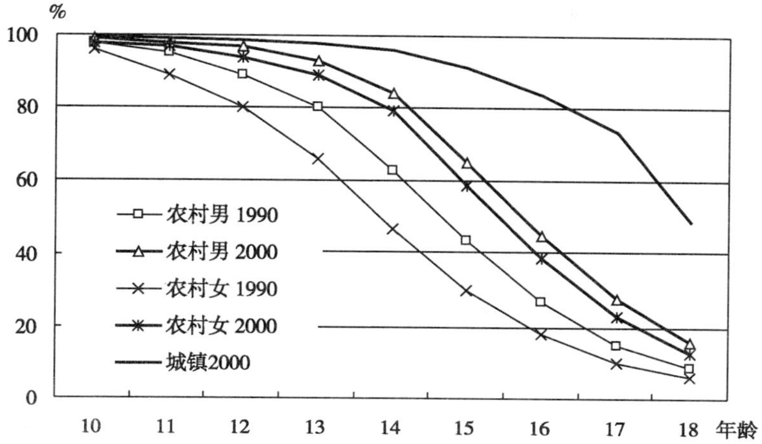

图 2.1　分年龄和性别的青少年在校率，1990 年和 2000 年

（资料来源：郑真真、牛瑞琴：《从两次人口普查结果看中国教育发展》，《人口与经济》2008 年第 4 期）

同期群研究比趋势研究的对象更为集中，特征更为相似，在不同时点收集相同特征研究对象的信息，从而能够更准确地描述或分析某个特定人群的跨时期变化。例如，“老三届”特指 1966、1967、1968 年的初中和高中毕业生，他们在中学生时代共同经历了“文化大革命”，国家政策极大地影响了他们的人生经历，例如毕业后的上山下乡，改革开放及国家恢复高考后的回城与上大学，国家 20 世纪 80 年代初开始实行的生育控制政策等，使他们的生活和工作经历具有某种特定的历史痕迹；而当他们进入人生某个阶段的时期，他们的共同特征会对社会经济有重要影响，如当他们作为第一代独生子女的父母进入老龄后，他们的养老需求会和以前的老年人有重大区别。在不同年代对“老三届”这个群体的研究，就可以设计成同期群研究。

从时间跨度方面考虑，趋势研究和同期群研究几乎相似。从研究对象和研究内容来说，趋势研究往往是研究一个总体的某些特征变化，同期群则可以说是趋势研究的一个特例，是研究具有某个特征的群体随时间的变化，同期群研究的研究对象在某些方面具有更强的同质性、其群体特征具有更明确的定义。但两种方法的共同特点是，在每个时点的研究对象并不一定是同一个人群，如例 2.3 中的研究对象分别是 1990 年和 2000 年 10—18 岁的青少年，对同期群研究也只需要对人群有清楚定义而不要求跟踪同一组人。同组跟踪研究则与前两种方法不同，需要在不同时期跟踪同一个人群。

同组跟踪研究（panel study）的中文名称有多种译法，在此不一一列举。本书采用“同组跟踪”，试图表达对同一群人跨时段跟踪收集数据的意思。跟踪（即 follow-up），在医学和流行病学中称为“随访”，明确指对同一个人（往往是患者）进行多次访问，以便掌握其健康状况的变化或病后康复的情况。在社会科学研究中，对同组人进行跟踪可以有效控制某些变量，对变化和影响因素进行更为复杂和合理的分析。从研究对象的角度来说，同组跟踪研究与前两种方法有重要区别。在时间跨度方面，跟踪同一群人的时间跨度太大会产生很多问题，所以同组跟踪的时间跨度相对更短，如 1 年、2 年等，极少用跨度 10 年的。同组跟踪研究面临的主要挑战是样本流失，因此，同组跟踪研究的跟踪率是一个重要评价指标。如果流失的人具有某种共同特征，那么跟踪时间越长，样本离最初设计的偏差就越大，可能导致研究结果失实。不过也有研究发现，尽管有些变量与跟踪样本流失有关，但因流失比例不高，不会对研究结果有很大影响。如果未能继续跟踪是随机发生的，则不会影响调查结果。

例 2.4　同组跟踪研究

北京大学健康老龄与发展研究中心组织开展的“中国老年人口健康影响因素跟踪调查”（CLHLS），是中国迄今为止跟踪时间最长、规模最大的老年人口调查，至 2012 年已经完成了 1998、2000、2002、2005、2008、2011 年六次调查。该调查应用多阶段不等比例随机抽样，覆盖了全国 22 个省（市、自治区），从中随机选取了其中大约 50% 的县、县级市与区。在随机选中的调研地区，对所有的存活百岁老人在自愿前提下进行入户访问，并就近入户访问事先按该百岁老人编号随机给定年龄与性别的 80—89 岁及 90—99 岁老人各一名。从 2002 年起，将调查对象的年龄范围扩大到 65 岁及以上所有年龄，并于 2002 年在 8 个省市增加了 4478 位老人的 35—65 岁成年子女子样本，2005 年和 2008 年又进行了跟踪调查。2008 年的第五次跟踪调查增加了与被访老人无血缘关系的 40—59 岁对照组样本 3412 例，还在部分长寿地区进行了重点调查。该调查内容包括了调查对象的个人及家庭基本情况、社会经济背景及家庭结构、健康与生活质量自评、性格心理特征、认知能力、日常活动能力、生活方式、经济来源和经济状况、日常生活和生病时的照料者、疾病治疗与医疗费用等近 100 项问题，并对老人进行了健康体检。应用这套数据，可以对老年人口健康状况的动态变化及其影响因素进行深入的统计分析。据项目组不完全统计，截至2010年11月20日，应用该调查系列数据已经出版专著8本，在国际SCI和SSCI学术刊物上发表英文论文68篇，在国内核心学术期刊上发表论文156篇，已有16位博士和24位硕士利用该项目数据撰写及通过学位论文答辩。

根据课题组报告，1998年调查的被访者中有860人在2000年失访，占1998年所有被访者的9.6%；2000年调查的被访者中有1536人在2002年失访，占2000年总样本的13.8%。这些失访比例与国际上一些老年人调查结果相似。多元logictic回归分析发现，女性、躯体健康和认知功能较差、社会交往和接触较少的高龄老人失访的可能性较大，非文盲高龄老人失访的可能性大于文盲老人，这些特点与国外同类调查研究结果相似。不过本调查发现，中国年龄高的老年人更不容易失访。而城镇老人比农村老人更易失访的部分原因是城市更多发生搬迁。

（资料来源：曾毅等：《老年人口家庭、健康与照料需求成本研究》，科学出版社2010年版；曾毅等主编《健康长寿影响因素分析》，北京大学出版社2004年版；北京大学健康老龄和发展研究中心网站：http://web5.pku.edu.cn/ageing/html/projects.htm。）

近似历时研究。

对于研究事物随时间变化以及分析因果关系而言，历时研究最为合适。但是与截面研究相比，历时研究不仅在人力物力各方面的成本都高，而且有时几乎无法操作甚至不可行。例如对流动人口的跟踪研究，由于他们不仅在城市之间流动，在城市中的住所改变也相对频繁，经过一年之后可能只有不到一半的调查对象还能跟踪到。而且流动频繁的人往往是因为不满意工作或生活，能够跟踪到的人则可能是一个高度选择性的群体，这使跟踪的样本偏离了最初的人群。因此，研究者往往在设计调查方法和测量工具方面考虑用一个时点的调查来研究事物随时间推移所发生的变化，这种方法称为近似历时研究。在这类研究中，可以根据时点调查中的时序信息、在调查问卷中设置回顾性问题或根据逻辑推理进行历时分析（如前所述），也可以利用研究对象的年龄差别进行时序分析（类似于人口学中常用的假想队列方法）。在近似历时研究中，需要谨慎判断事情发生的时间顺序，也需要留意记忆错误造成的信息误差。

例 2.5　近似历时研究

20 世纪 90 年代的一些研究认为，外出务工经商改变了农村青年的婚恋观念和行为，在此，初婚年龄是描述婚姻模式的一个重要指标。为了验证外出打工是否改变了农村青年的婚恋观念，从而推迟了农村妇女的初婚年龄，需要将有外出经历的青年与没有外出经历的青年比较，而且需要分清外出打工与初婚的时序，如果结婚在前，外出打工在后，则较难判断外出打工对初婚年龄有影响。本研究利用一次性问卷调查结果中的回顾性问题，应用事件史分析方法，分析外出打工对农村妇女初婚年龄的影响。在问卷中，我们要求有外出经历的妇女回忆初次外出和末次外出的详细情况，例如询问调查对象在初次和末次离家时的婚育情况。再根据每次外出时间和初婚年龄，就可以构建起一个时序表。因为是在流出地进行调查，还可以把从未外出的妇女作为参照组与曾经外出的妇女进行比较。研究根据外出经历及其与初婚的关系，将调查对象分为三类，即从未外出、婚后初次外出、婚前初次外出，首先应用比例风险模型分析了在控制其他变量后、有婚前外出经历妇女的初婚年龄与其他类妇女的差别，然后将所有婚前外出的妇女作为研究对象，考察不同外出经历与初婚年龄的关系。该研究发现，婚前外出显著推迟了农村妇女的初婚年龄，此外，跨省流动以及流入地为城市也对推迟初婚年龄有显著作用。

（资料来源：郑真真：《外出经历对农村妇女初婚年龄的影响》，《中国人口科学》2002 年第 2 期。）

四　根据资料收集方式分类的不同研究方法

实证研究需要以事实资料为依据。在着手研究设计时，需要考虑的一个实际问题就是：供研究用的资料从哪里获得？如何获得？根据资料收集的方式和资料的特征，可以将研究方法分为四类：问卷调查法、实验法、实地研究、非介入性研究。前两类主要收集定量数据，实地研究则以收集定性资料为主，非介入性研究所涉及的资料既可以是定量的，也可以是定性的。

1. 问卷调查法

该方法通过问卷调查获得资料。一般所说的问卷调查，是指在自然场合进行的结构式问卷调查，即应用事先设计好的有标准编码的问卷，在调查现场通过提问将被调查者的回答记录在问卷上，或由被调查者自己填写问卷。问卷调查法发展至今，调查形式也随着科技进步而得到快速发展，除了当面回答或填写纸质问卷的形式之外，还有电话调查、邮寄问卷调查、互联网上调查等多种形式，或应用掌上电脑取代纸质问卷的现场调查。虽然形式不一样，其核心特征都是应用事先设计好的结构式编码问卷收集定量数据。

问卷调查法的优势在于数据收集成本相对较低，实施相对简单，可以在短时期内覆盖大规模样本；由于调查方法和测量工具的标准化，调查可以复制，可以用统计方法进行深入分析；而对于抽样方法科学合理的调查，可以将其结果推广到总体；这类调查的问题一般都以事实为主、易于回答，因此也有利于多数人的参与。

问卷调查法的局限是，有些事物的标准测量有难度，如态度、信念等，不易通过问卷调查清楚；且仅有一次调查难以检验的因果关系。此外，问卷调查法的结构性和标准化为比较研究和研究的复制提供了有利条件，但其灵活性较差，方案一经设定则无法改变。

例 2.6　全球老龄化和成人健康调查（SAGE）

世界卫生组织自 2002 年起先后在世界不同国家开展了全球老龄化和成人健康研究（Study of Global Aging and Adult Health，SAGE），以问卷形式收集 18 岁及以上调查对象的数据，重点调查 50 岁及以上人口，目前已经在中国、加纳、印度、墨西哥、俄罗斯和南非等国家开展过调查，获得了具有全国代表性的样本。SAGE 于 2002—2004 年间建立了基线队列，并于 2005 年进行了问卷试调查。SAGE 所收集的数据包括收入、支出和转移支付、工作经历、健康自评、风险因素、卫生服务利用、健康体检、福利、幸福和生活质量以及生物样本等方面信息。SAGE 的第一次调查于 2007—2009 年全面开展，第二次调查于 2010—2011 年期间开展，计划此后每两年调查一次。该调查的中国样本为 14785 人，其中 50—59 岁占 39%，60 岁及以上老人约占 50%。由于这个调查使用了全球一致的调查问卷和调查方法，有利于进行相关的国际比较研究。（该项调查的调查问卷和数据请参见：http：//www. who. int/healthinfo/systems/sage/en/index. html）

2. 实验法

实验研究一般指在实验室或仿实验环境下收集定量资料，应用定量分析方法检验因果关系或其他假设。这种方法在教育学和心理学等领域较多使用，其研究思路可供其他领域借鉴。

实验研究的优势在于人为控制干预变量，因而更容易厘清干预对结果的作用，从而验证因果关系。由于实验研究的数据收集一般都为结构式和高度标准化，因而可以复制。该方法的局限在于其人造场景和人为控制，因而难以将结论推广到自然环境。不过，在社会经济发展和变革的过程中，有些事件的发生或政策在局部地区的试点，可以作为近似实验来应用实验法进行研究。

3. 实地研究

与问卷调查法不同，实地研究是在现场收集定性资料，因而经常被称为“定性的实地研究”，与往往同样要进入现场的问卷调查加以区别。实地研究所收集到的资料多为无结构或半结构式的，前者是根据资料进行归纳，后者则根据事先拟好的资料收集内容或提纲收集资料。实地研究收集资料的方法主要有观察法和访谈法，访谈法包括组织专题座谈会和进行深入的个人访谈。

实地研究的特点是能够细致深入地了解研究内容和研究对象，而且在资料收集方面相对灵活，可以根据现场情况随时调整。不过，因为定性资料往往没有统一标准，而且观察和访谈对象数量有限，所以研究结果难以推广。在实地研究中，信息收集的质量在很大程度上取决于研究者的洞察力、对问题的敏锐捕捉和挖掘信息的技能，因而很难复制。

4. 非介入性研究

非介入性研究是对现有的或他人收集的数据资料进行研究，研究者不必进入现场，也不必和调查对象有直接的接触。非介入性研究又可进一步分为内容分析、对调查数据的二次分析、现有统计资料分析、历史分析、比较分析和汇总分析。非介入性研究的优势是研究成本较低，可以在较短的时间内研究较长时段的内容。不过由于现有数据的收集初衷往往和此后使用该数据的研究目的不尽相同，所以非介入性研究常遇到的问题就是信息的局限性，不能完全满足研究需求。此外，有些历史数据相隔年代久远，如果再缺乏对数据收集和数据质量的详细说明，会影响数据使用者对当时调查背景和调查过程的理解以及对数据可靠性的了解，甚至对数据内容的理解有偏差，因此而影响非介入性研究结果的可信性。尽管有各种局限，但非介入性研究可能是社会科学研究中最常使用的研究方法。

以上介绍了以不同方式分类的各种研究方法，在研究设计时可根据研究目的、研究策略和研究条件选择最为适宜的一种方法。因为任何一种方法都有其局限性，依靠单一方法往往不能给出令人满意的答案，也可以设计为多种方法的组合。例如在研究方式上可以采取定量和定性相结合的研究设计，两种方法可以双轨并行，也可以先后交错，如定性—定量、定性—定量—定性或定量—定性，或采取相互融合、同时进行的方式。在资料收集方面，可以采用现场调查与非介入性研究相结合的方式。尤其在当今中国已经有了很多社会调查时，更应当充分利用现有资料，在已有研究的基础上，再收集和补充必要的资料。

第二节　从实验研究的思路看研究设计的有效性

在社会科学研究中，一方面无论是研究者还是研究成果的使用者，通常都不满足于探索和描述层次的发现，而是再进一步追问“为什么会如此？是哪些原因导致了这样的结果？最主要的原因是什么？”这些问题需要通过解释性研究来回答。另一方面，以往的研究成果和经验总结中也有涉及因果关系的理论或共识，对于这些理论或共识在新形势或不同经济社会背景下适用性的验证，也是社会科学研究课题的主要目的之一。本节将围绕以研究因果关系为主的解释性研究，从实验研究的思路，讨论设计的有效性问题。

对两个变量之间存在因果关系的确定，要满足三个条件：（1）发生事件的时间具有清楚的先后次序，即先有因后有果；（2）在可能存在因果关系的两个变量之间，具有明显可见的实证相关；（3）没有第三个变量能解释这个相关性。实验研究设计是为了发现满足这些条件的因果关系，其基本思路来自古典实验研究设计。

古典实验研究设计有三个基本要素，即比较、操纵和控制。比较（comparison）是为了展示两个变量的相关变化，可以是同一组在不同时间的比较，也可以是不同组在相同时间的比较，或两者兼有。操纵（manipulation）是保证所研究变量的变化是发生在设想的原因之后，而要研究的原因则保证是发生在变化之前，如对社会干预项目中的实施干预时间掌握，如此才能确保有清晰的前后次序。控制（control）则是为了排除其他因素的干扰，类似实验室的封闭环境。虽然古典研究设计是实验研究的基本要素，但在任何设计因果关系的研究设计中都应当加以考虑，更何况在现实生活中，有些社会“实验”与实验室内进行的实验有许多相似之处，可以使用相同的研究思路。以下介绍的关于研究设计的有效性问题，都是为了使设计能够有效排除“干扰”，确认或验证某个特定因素的作用，而文中所用的“实验”一词，不仅指实验室中的实验，也包括自然场景中与其相似的社会“实验”。

研究设计的有效性问题，可分为内在有效性和外在有效性两个方面。内在有效性是指该研究确实反映了研究期间的事实本身，如果一个研究设计能够利用相应的科学方法准确地反映现实，厘清不同因素对实验结果或现状的不同影响，那么这个研究设计就具有较好的内在有效性。外在有效性是指研究结论的可推广性，即在多大程度上能够从实验场景（此时此地）推广到非实验场景的真实世界。

一　实验研究的内在有效性

影响研究内在有效性的因素可分为外部因素和内部因素。所谓外部因素是指在研究开始以前发生的错误，内部因素则指在研究期间发生的意料之外的变化。

外部因素往往是来自研究方案的设计，例如在设计时缺乏系统周密的考虑，或在实验时选择了一个有偏差的群体作为研究对象，因而在实验开始之前这个群体就与一般的参照群体存在差异，等等。为了排除外部因素可能导致的错误，在研究设计时需要对研究对象以及所处的环境有全面的了解，对研究地点和样本的选择有科学合理的方案。

内部因素是在完成研究设计之后、在实验研究过程中所发生的变化，这种变化影响了研究结果，而且往往是事先未预料到的。研究者通常无法控制变化的发生，因而需要依靠研究设计和对研究方案的及时调整，排除或分清意外因素的影响，正确判断因果关系。在各种有关社会科学研究方法的教科书中，都根据研究经验总结归纳，列出了种类繁多的“干扰”类型，举例如下。

（1）历史效应

在研究期间发生了影响结果的历史性事件，改变了社会经济发展轨迹或对社会舆论有重大影响，因而影响了研究结果。例如2003年春在中国发生的SRAS，不仅影响了国家对公共卫生的投入，也影响到普通人的健康意识。应对这种变化，首先是要了解研究过程中发生的相关事件，尽量解释该事件的影响程度；其次是要注意控制研究周期的长度不要过长也不失为一种方法。

（2）成熟效应

“成熟”在这里不仅指生理年龄上的成熟，也包括心理、感情和社会进程意义上的成熟，因而无论是否接受了干预，研究对象都随时间推移而有所变化，这时跨时段的比较就不一定能够分辨出干预效果，从而需要既有跨时段的比较，也要有与参照组的比较。

（3）实验减员

在同组跟踪调查研究的过程中，如果参与研究者不断有各种原因的退出，就会影响跟踪调查样本的完整性。如果这些退出的人具有共同特征或因为相同原因退出，则会严重影响研究结果。例如在研究农村初中教育的过程中，如果中途辍学者大多为数学成绩差的学生，那么会得出数学成绩大大改善的结果，从而对数学教育效果作出错误判断。在同组跟踪研究中，通过对退出研究者的分析可以判断最终结果的偏差，因而十分重要。

（4）测量工具

在问卷调查中，测量工具就是调查使用的问卷以及调查方法，如果两次调查的问卷或调查方法有改变，例如在问题的措辞、表格的安排、答题的标准和调查员的态度方面有变化，则可能造成前后不一致的结果，其实并没有反映真实的变化。

（5）测验反应

在同组跟踪调查中，调查对象有可能在上一次调查后对感兴趣的问题有所思考或对相关知识有特别的了解，从而在跟踪调查中作出不一样的回答；如果跟踪时期比较短，调查对象可能对上一次调查记忆犹新，从而影响回答质量。

（6）回归现象

回归现象是指某种变化向总体平均水平接近。在因果关系研究中需要特别注意的是那些初始状态处于极端水平的变量，因为这些变化不可能再向同一方向发展，看起来好像是出现了转机。例如一个学生的数学成绩总是在20分上下徘徊，下个学期上升到25分，并不见得是一个进步，而是因为不可能再差了。

（7）扩散效应

事实上在自然场景中很难找到严格意义上的封闭环境，如果实验组和对照组两组人互相交流，则难以分清某项干预措施是否起作用。

在研究设计时针对可能出现问题的设计，可以改善研究的内在有效性。例如，通过样本的配对比较或应用参照组等方式，分离出研究变量对结果的实际贡献；通过对研究对象的随机选择，减少样本的系统性偏差等。配对方法更多在小样本的实验室研究和医学研究中应用，即为每个研究对象配一个相同特征的参照者，在研究结束时比较研究对象和参照者的相关指标，分析仅施加于研究对象的干预因素的作用。这种一对一的“精确”配对，在研究样本量较大时实施起来相当困难。对于有一定规模的研究群体，更多采用的是对照组的形式（也称“控制组”），选择一个与研究组的总体特征和结构相似的群体作为参照，而不必一一对应。下文介绍的实验设计7个要素中，就包括了这些方式。

二　实验研究的外在有效性

实验研究的外在有效性，指的是在多大程度上可以把研究结果推广到实验对象以外的群体，在多大程度上可以从实验场合推广到日常生活中。如果缺乏现实性，再好的实验结果也难以推广，研究就失去了实际意义。一个社会项目的试点、评估和推广过程，就涉及外在有效性问题。

在实验研究过程中，需要特别注意的是区分干预的真实作用和研究对象的“实验反应”。这方面的典型现象被称为“霍桑效应”，即研究变量（在这个经典案例中是工人的满足感和生产力）向预期方向的变化不是由于干预本身，而是由于研究对象意识到自己受到特别注意，因而有意识地改变了行为。

三　实验设计的7个要素和主要方法

实验设计中的主要考虑是在可行的前提下，尽量识别研究变量及其他变量的作用，找到真实的因果关系，努力提高研究的有效性。

实验设计的7个要素包括：干预（自变量/干预变量）、结果（因变量）、前测、后测、实验组、对照组、随机指派。基本的实验设计思路如图2.2所示，显示了两组对照和比较在实验设计中的作用。

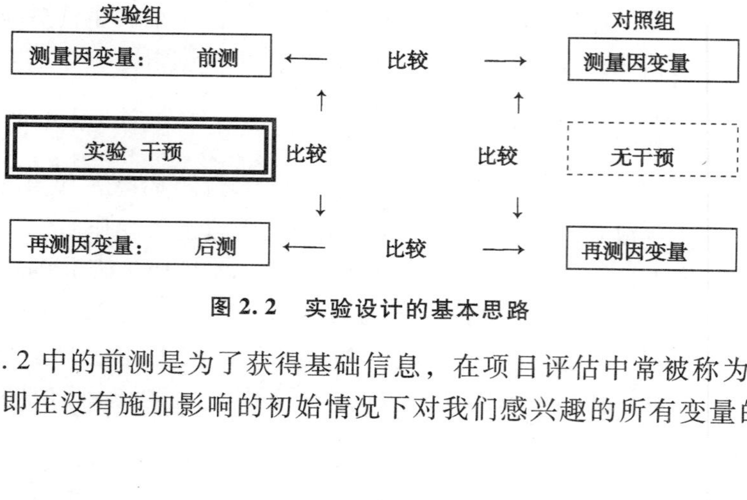

图2.2　实验设计的基本思路

图2.2中的前测是为了获得基础信息，在项目评估中常被称为“基线调查”，即在没有施加影响的初始情况下对我们感兴趣的所有变量的比较，

尤其要确定两组有关因变量在初始状态的差距。在引入实验干预后获得后测数据（在项目评估中被称为“终线调查”），可以进行几种比较：

（1）实验组在干预前后的比较：即分析实验组在干预前后的变化。

（2）对照组在干预前后的比较：分析对照组在这个时间跨度中的变化。

（3）实验组和对照组在干预后的比较：如果在研究期间，由于某些历史事件的发生，不仅实验组发生了变化，对照组也发生了变化，则需要比较两组的变化之间是否有差距，尽量剥离该事件对结果的影响。第三种比较是通过对两组变量的差距分析，判断干预效果。

（4）干预后实验组变化与对照组变化的比较：如果两组变量在初始状态就存在差距，则需要应用适当的方法加以控制或调整，在分析干预效果时将初始状态的差距考虑进去。第四种比较是分析在共同经历了干预以外的社会/自然事件后，两组在变化幅度、速度和内容方面的差异，目的是排除历史效应或成熟效应的影响。

基于实验设计的要素，图 2.3 列出了几种主要的随机实验设计。读者可以根据实验设计的基本思路，分析这些方法都通过哪些措施提高了研究的有效性。

古典法				
A 组	R	O_{a1}	X	O_{a2}
B 组	R	O_{b1}		O_{b2}
所罗门四组法				
A 组	R	O_{a1}	X	O_{a2}
B 组	R	O_{b1}		O_{b2}
C 组	R		X	O_{c2}
D 组	R			O_{d2}
后测法				
A 组	R		X	O_{a2}
B 组	R			O_{b2}

图 2.3　几种主要实验设计图示

图 2.3 中的符号分别表示：

- R 代表对研究对象的随机选择；
- O 代表应用测量工具的观察或测量，如问卷调查；其中字母下标代表组，数字下标的 1 代表前测、2 代表后测；
- X 表示该组研究对象接受干预或经历某个特定事件，如参加培训。

在实验室之外的社会科学研究中，往往很难真正做到随机选取研究对象，有时甚至难以找到合适的对照组，因而一些研究设计虽然应用了实验设计的思路，但在步骤和方法上有所变通。这类设计称为准实验设计（或近似实验设计、非随机实验设计），它们的特点是没有严格的随机抽样，没有前测或对照组，如图 2.4 所示。虽然这些方法更多被应用，但其局限也是显而易见的。

对照组				
A 组		O_{a1}	X	O_{a2}
B 组		O_{b1}		O_{b2}
中断性时间序列				
	O_1　O_2　O_3　X O_4　O_5　O_6			
一次性研究				
			X	O_2
单组前后测				
		O_1	X	O_2

图 2.4　几种准实验设计图示

例 2.7　对二孩生育政策地区的政策效果研究

中国自 20 世纪 80 年代初以来实行了具有地域差别的生育控制政策，大部分地区的政策都是以“一对夫妇一个孩子”为主，因而被简单化地称为“一孩政策”。在 21 世纪开始讨论生育政策放宽的问题时，最主要的忧虑是认为政策放松生育水平就会上升，但是这种忧虑很难在一个 13 亿人口的国家通过实验来验证。事实上，河北承德市、甘肃酒泉市、山西翼城县作为“政策试点”以及一些少数民族地区从 20 世纪 80 年代中期开始，一直实行着“一对夫妇可以生两个孩子”的生育政策。这类似于自然场景中的政策试验，而且延续了 20 多年，但是对其“实验”效果缺乏系统的研究。以中国人民大学顾宝昌教授为首的研究团队，对这些地区开展了深入调研，应用实证研究说明了二孩生育政策地区的政策效果，回答了重要的政策问题。

（资料来源：顾宝昌、王丰主编：《八百万人的实践：来自二孩生育政策地区的调研报告》，社会科学文献出版社 2009 年版。）

第三节　概念的操作化和研究变量的设定

以上实验设计中出现的“前测”或“后测”，指的是对某种事实、现象或状态的测量，在社会科学的实证研究中，这种测量必不可少，对于定量研究而言更是需要有科学和明确的测量。在设计具体的指标与测量之前，需要根据相关理论建立概念性的理论模型或框架，而研究的过程，则是从经验观察到概念和理论的归纳，或是将理论应用到现实的演绎。各种概念是构造理论框架的基本元素，对这些概念赋予可操作化的定义，再转化为可测量的变量，才有可能在现实中收集资料，分析资料，达到描述和解释的研究目的。在任何领域中，概念是共同交流的基础。在任何实证研究中，不可操作的概念无法被纳入研究，而对概念的错误定义会导致研究的偏差。

一　概念的操作化

概念有不同层次，有些简单明确，有些则相对抽象复杂。例如“年龄”就是比较简单的概念，容易定义明白，尽管中国很多地区有“虚岁”和“周岁”的不同，但是如果明确“周岁年龄”是最后一个生日时的年龄，就比较容易判断。但是有些概念则不那么明确，而且从个人主观印象和客观事实判断可能会有不一样的定义，如“婚姻稳定”。有学者用本人是否曾有与配偶分手的念头和是否觉得配偶会提出分手这样的问题来测量，将婚姻稳定的概念表达为离婚意向①。又如“地位”是一个相对概念，如果没有其他参照的话很难评价地位高低；此外这还是一个具有多维度的复杂概念，例如可以分为家庭地位和社会地位，政治地位和经济地位等，所以在操作化时需要用其他更简单的概念来定义。有些概念如果不能定义清楚或有不同定义，就失去了共同讨论的基础，例如不同的领域或研究者对“城市化”、“和谐社会”都可能有不同的理解，需要在研究设计时明确定义这些概念。

例 2.8　对罪量概念的操作化

为了能定量分析中国罪刑均衡的关系问题，白建军将中国刑法中所有

① 叶文振、徐安琪：《中国婚姻的稳定性及其影响因素》，《中国人口科学》1999 年第 6 期，第 7—12 页。

犯罪法定刑进行量化排序，然后将犯罪进行量化。在这里，罪量不是一个简单的概念，需要被分解为多个概念。研究者应用相关理论和原则，对罪量进行了四个层次的分解。

第一层分解，因为罪量是对犯罪轻重的评价，因此将罪量概念分解为评价关系、评价标准和评价对象三个并列的维度。评价关系是指围绕犯罪严重程度的评价活动发生在谁与谁之间，即使是同一种行为，有人认为是很重的犯罪，有人则可能认为只是轻微的犯罪；评价标准是评价主体从事评价活动所依据的基本原则和取向，某个行为被标志为较轻或较重的犯罪，意味着它与某种原则或价值取向相悖的程度；评价对象就是评价活动的客体，是引起评价活动的犯罪行为。不过，这三个维度依然是比较抽象的。第二层分解，将评价关系分解为被害人评价罪量和国家评价罪量，将评价标准分解为利益罪量和道德罪量，将评价对象分解为结果罪量和行为罪量。第三层分解将以上 6 个变量继续分解为更为具体的 14 个变量，将犯罪进一步分类。第四层分解则将这 14 个犯罪分类标准具体转化为轻重不等的 36 个类型，而这 36 个类型可以在犯罪类别中一一找到对应的项目。例如行为类型分为强暴力犯罪、偷窃犯罪、欺诈犯罪。于是，“罪量”这个概念就成为具体可描述的状况了。研究者根据这套操作化定义构建了罪量综合指数，从而可以用定量的形式描述罪量轻重。

作者以抢劫罪为例，建构起具体个罪的理论罪量评价体系（见图 2.5），通过对最后一层变量的赋值和加权，产生出计算每个案例的罪量指数。作者对 1107 个抢劫罪案例进行了定量分析，并比较了这些案例分东部和西部两组的罪量差别。

（资料来源：白建军：《犯罪轻重的量化分析》，《中国社会科学》2003 年第 6 期，第 123—133 页；白建军：《罪刑均衡实证研究》，法律出版社 2004 年版）

二 变量的设定

将概念转化为一组可测量的变量时，需要考虑这些变量在研究分析中的角色或作用，并按照研究需求设定变量的类型。变量的设定过程，是由理论向现实操作的转化过程，同时还需要考虑研究框架和研究目的。

如果按照变量之间的关系分类，对于假定有因果关系的变量而言，有作为结果的因变量和视为原因的自变量。还有一些变量虽然与研究内容相关，但是既非我们关心的结果变量，也不是作为原因的自变量，这

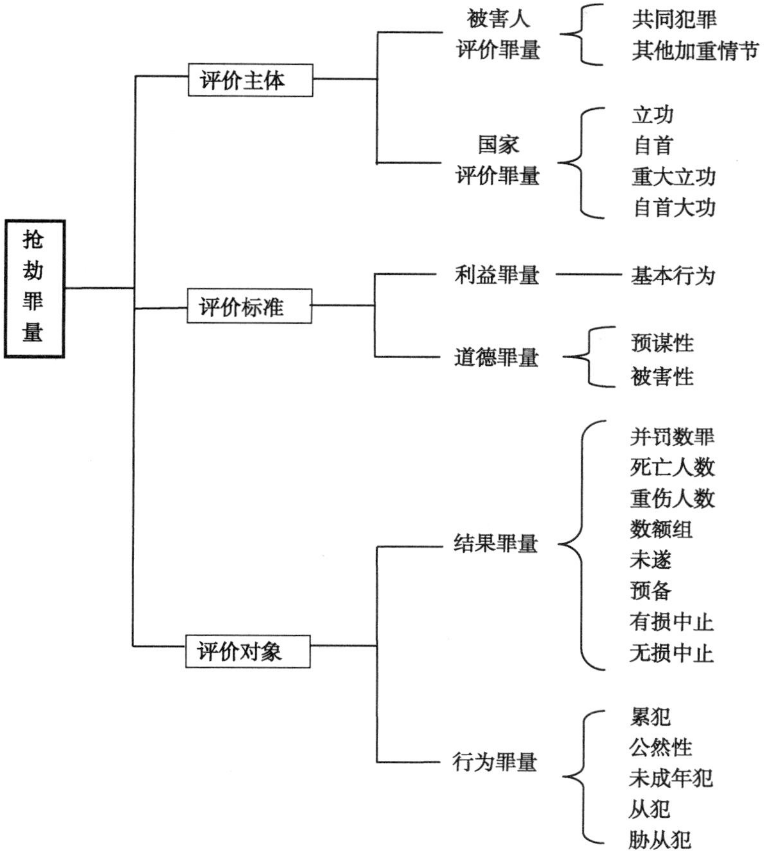

图 2.5　以抢劫罪为例的个罪理论罪量评价

（资料来源：白建军：《犯罪轻重的量化分析》，《中国社会科学》2003 年第 6 期，第 123—133 页；白建军：《罪刑均衡实证研究》，法律出版社 2004 年版）

些变量往往是事前确定且无法改变的，如一个人的性别、年龄和出生地等。在实验研究中的干预称为干预变量，往往是可以人为控制或可改变的变量。

如果按照测量层次分类，可以将变量类型分为定性和定量两类变量，定性类的变量具有定类或定序的测量，定量的变量则是在定距和定比的层次上测量。

定类变量

性别、职业等分类但没有次序高低之分的离散变量属于定类变量，这些变量的赋值只是一个符号，没有数量的意义。例如，可以将性别定义为

“1”代表女性，“2”代表男性，也可以用“1”代表男性，“2”代表女性，“2”没有任何比“1”大的含义。不过，有些变量虽然是定类变量，但是赋值往往具有一定的逻辑，不会给人以“跳跃”的感觉。例如对婚姻状态的赋值，往往遵循未婚、初婚、再婚、离婚、丧偶这样的次序，分别给予1至5的赋值，尽管在多数研究中这只是一个定类变量，没有高低等级之分，但其赋值则是按照这种状态在一个人的一生中发生的次序来安排，即初婚必定发生在未婚之后，再婚发生在初婚之后。在定类变量中，数学运算没有意义。

定序变量

定序变量是按照等级或次序进行分类并赋值的，变量取值没有数值意义，但具有等级或次序的意义，同时也含有分类的意义。例如受教育程度可以被定义为定序变量，以“1”代表从未上过学，“2”代表上过小学，“3”代表上过初中等，以此类推。定序变量与定类变量相同，不适用数学运算，“2”减“1”没有意义；而与定类变量不同的是，定义的次序和升降方向一经确定，则不能混淆，比如不能定义“3”为从未上学，“1”为上过小学，“2”为上过初中。不过可以将“1”定义为最高受教育程度，然后逐级下降。定序变量还普遍用于表示某种程度，例如满意度、对某种观点的赞同程度、对健康状况的评价等。

定距变量

定距变量中的赋值是具有数学意义的，这是前两类变量所不具备的关键特征。对定距变量可以做加减数学运算。定距变量的每个单位之间的距离相等，也就是说从3—4的变化是增加了一个单位，从23—24的变化也是增加了一个单位，这种特征也是定性类变量所不具备的。不过从定义上说，定距变量的零值没有确定的真实意义，最常见的例子就是温度和智商。摄氏零度和华式零度不是相同的温度，也不是没有温度；智商测量得零分不意味着没有智力。在社会科学中更常应用的定量类变量是定比变量（虽然在很多统计软件中将定量的变量统称为定距变量，即 interval variable）。

定比变量

定比变量具有其他三类变量的所有特征，此外其零值有实际意义。例如月收入为“0”就是没有收入，受教育年数为“0”表示没有上过学。对定比变量可以进行加减乘除运算。

在设定变量时，究竟用哪种变量，既取决于研究目的，也取决于研究条件。以有关教育的研究为例，在设定代表受教育程度的变量时，通常有两种方法：（1）设为定序变量，1 = 从未上过学，2 = 小学，3 = 初中，4 = 高中/中专，5 = 大专/大学，6 = 研究生；（2）设为定比变量，以曾上过学的年数赋值；不过，如果研究关注的是能否完成 9 年义务教育从初中毕业，则还可以有第三种方法，（3）1 = 从未上过学，2 = 小学，3 = 初中肄业/辍学，4 = 初中毕业，5 = 高中/中专及以上。在研究完成义务教育这个特定目标时，以上 3 种变量设定中第 3 种方法能更好地服务于研究目的。第 1 种方法未能明确分清上过初中但未完成和初中毕业两种结果，第 2 种方法则无法判断上过 8 年学究竟是初中辍学还是“跳”了一级提前毕业，而对于曾经留级的或因转学而复读的学生则无法判断“9”究竟是初中辍学还是毕业。又如，在调查个人收入时，往往会遇到个人申报收入的可靠性问题，而如果就特定研究而言，将收入分成几类（如 5000元以下，5000元以上至 1 万元，等等）就可以满足研究分析，那么把原本打算用定比测量的收入改为定序，可以使信息的收集更为容易。

三　分析单位

分析单位是研究的基本单元，也是研究中的最小测量单位，在提出研究问题的同时就需要考虑是针对哪个层次提出的问题，例如是个体还是群体，是公司、机构、组织，还是这些团体中的个人。又如，不少社会科学研究的对象是家庭，研究中需要收集的信息是以家庭为单位，如家庭总收入，家庭中拥有的汽车、冰箱和洗衣机等物品，这些都是家庭成员共用的，但不必具体到是哪个家庭成员拥有；在法律研究中，分析单位如果是案件，就不一定有每个涉及案件的个人信息，但如果分析对象是受害者，则一个案件中可能有两个或更多受害者，就需要有个人信息。

在分析单位确定后，所有的假设、问题、分析过程和结论，都是围绕或基于该分析单位的，如果在研究过程中混淆了分析单位的层次，则有可能犯错误。

区位谬误（ecological fallacy）

区位谬误又被称为生态谬误或层次谬误，指将分析单位在群体层次的结论推广到更微观层次时可能犯的错误。在个体信息不可获得时，尤其要特别注意研究结果的使用层次。假设研究中学生的数学考试成绩，发现初二（1）班的数学平均分高于初二（2）班，同时还发现初二（1）班同学中近视眼比例高于初二（2）班，如果因此就得出结论说近视眼的学生数学成绩好，就可能犯了因分析单位层次混淆而导致的区位谬误，因为我们没有学生个人信息，并不知道每个学生的个人数学成绩，因此无法知道近视眼的学生是否就有更高的数学考试成绩。

个体谬误（individualistic fallacy）。

这是与区位谬误相对应的简化错误，指将个体研究得到的结论推广到群体可能犯的错误，相当于我们常说的以偏概全。

在研究设计中，往往要在研究准备的过程中通过对研究问题的思考和对研究对象的了解，逐渐形成清楚的基本分析单位，研究假设或研究问题应当是和分析单位一致的。下面以青少年受教育研究的例子，展示了使用县级宏观数据和个体微观数据的不同分析。

例 2.9　青少年就学的影响因素分析

该研究应用中国 1990 年人口普查的 1% 抽样数据，选取出生于 1972—1980 年的青少年，在青少年个体和以县为单位的群体两个层次方面分析他们的就学情况和相关因素。由于人口普查数据的样本量大并具有全国代表性，可以详细描述全国范围的在校率，并按年龄别进行城乡、地区、男女人群之间的比较以及个体层次的深入分析，如父母受教育程度、兄弟姊妹数及家庭结构对青少年在校的影响。

作者根据经济学理论基础和中国改革开放以来的经济社会发展状况，建立了青少年在校影响因素的理论框架：首先，在分析受教育方面家庭或本人的决策机制时，经济学的理论基础是效用最大化模型，即决策者（父母或本人）对上学成本和上学收益进行比较，然后决定是否继续学业。“成本”包括直接的金钱成本和时间（或机会）成本。另外还包括“非金钱”成本，如学生是否喜欢上学。从收益的角度来看，受教育程度较高可能意味着较高的工资收入和较好的工作条件，还有较高的生活质量，包括较低的婴儿死亡率、较高的预期寿命、较好的生活条件，等等。此外，决策机制还会因子女的性别而有所不同。

当周围环境发生变化时，学生离校行为也会随之变化。改革开放以来中国经济的快速发展和体制方面的巨大变革，可能会通过教育回报率和上学机会成本的变化影响受教育的决策。这些都属于“需求”方面的变化。在不同的经济发展阶段，不同的地方产业结构对劳动力市场有着不同的需求，因此对学生在校的影响不同，甚至对男女生的影响也不一样。青少年也可能会因为“供给”方面的原因辍学，比如办学条件和教育质量问题。

除了供需方面的因素之外，社区传统习惯及其对年青一代的期望，在决定青少年受教育方面具有关键作用。如果村里大部分人不上中学，某个学生上中学的可能性似乎不大。而如果社区中大多数家庭都相信只有一定受教育程度的青年才会找到好工作，就会增大青少年上学的可能性。

作者假设家庭规模会影响学生是否在校继续学业，因为子女多的家庭必然存在家庭资源的竞争，其中包括经济资源（父母要供多个子女上学）、时间和劳动力资源（有年幼的弟妹需要照顾，父母在农业劳动和家务上需要帮手），于是就增加了教育的机会成本。

父母受教育程度是子女受教育程度的重要预测变量之一。它部分反映了父母收入的影响。此外，受教育程度较高的父母可能会用更多的时间辅导子女的功课，有利于他们取得较好的学习成绩，从而增强了他们继续学习的信心。受教育程度高的父母还可能会更看重教育投资的非经济产出方面，因而使其子女的学业较少受外部环境变化的影响。不少在发展中国家的研究发现，父母有较高的受教育程度对提高女童受教育水平的效果更为显著。

家庭收入的增加预期会导致消费的增加。教育则是消费之一，而女童教育对家庭收入水平的变动最为敏感。另外家庭收入的增加会减少教育贷款，这在资本市场受到限制时极其重要。

城乡差别也是一个重要因素。农村青少年由于住所与学校间距离较远，从而增加了就学成本，农业或家庭副业也都可能成为就学成本。而改革开放以后乡镇企业和私营企业在东部沿海地区的发展，也成为吸引初中学生辍学的不可忽视的力量。另外，可获得性资源在城乡学校之间存在巨大差距，从而影响了学校的质量以及上学的收益。同一地区的教育期望可能会因不同的民族文化背景而存在差异。大部分地区汉族的传统是更重视儿子的教育，存在明显的男女差别。有些少数民族历来有重视教育的传统，有些则不然。有些少数民族没有明显的性别偏好。

作者认为青少年所受教育与期望有关，这种期望受到参照群体行为的影响。同龄人的入学率或在校率较低的社区，个体入学或在校的可能性也较低，这种影响往往比家庭、人口、经济因素更为重要。根据特定条件下父母决策的经济学模型及考虑社区作用的社会学模型，作者确定了以下影响青少年在校学习的重要决定性因素：性别、年龄、民族、家庭规模、父母受教育程度、家庭收入、居住地、本社区同龄人的在校比例等。

（1）以县为单位的分析：根据以上理论分析框架，作者对 14 岁儿童在校率进行了多元线性回归分析。分析中引入的自变量包括县农业人口比例和少数民族人口比例，县 14 岁儿童在校比例，县 10—18 岁组人群的母亲一代总和生育率（用 1935—1960 年出生队列的已婚妇女的总和生育率近似，代表这一代人的平均家庭规模）。经济变量包括 1990 年县人均农业净产值，1990 年省农村人均纯收入。此外，还根据男女在校率差的幅度建立了三个地区虚拟变量，分别为南部（浙、皖、闽、赣、鄂、湘、粤、桂、海南、川）、西南部（云、贵）和中东部（冀、鲁、苏）。由于存在入学年龄差异以及其他研究发现的复读与辍学有相关关系，仍在小学的 14 岁儿童比例被作为控制变量引入分析模型。

（2）以个体为单位的多元分析：利用 1990 年人口普查的个体数据，可以从个人层面进一步分析影响在校的各种因素。除了前面使用的自变量之外，在以个体为单位的分析中还建立了以下家庭和个人指标：性别，居住地（农村或城市），现有弟弟数、妹妹数，是否有哥哥或姐姐，是否与祖父母同住，父母受教育程度，母亲的当前婚姻状况（在婚或不在婚），本人民族（汉族或少数民族）。作者假设在家庭中弟弟与妹妹相比，可能得到更多的偏爱。如果有哥哥或姐姐，也可能对本人在校有负面影响，但根据现有数据无法区分哥哥与姐姐，因为其中有人可能已经离家。因此，本研究采用的近似估计方法是，如果母亲生育子女数减去弟弟及妹妹数大于 1，则定义为有哥哥或姐姐。父母受教育程度变量是按照两人最高受教育程度建立的虚拟变量，只要父母中至少有一人上过小学或初中，则令父母上过小学或初中的变量值为 1，否则为 0。人口普查数据中共有三条有关受教育的信息：在校、小学毕业、初中毕业。应用这三个指标建立的虚拟变量作为因变量，即在校状况：1 表示在校；0 表示不在校、小学没毕业或不在校、初中没毕业（如果大于 16 岁）。

分别以县和个人为基本分析单位的多元分析，揭示了与在校状况相关的各种因素。除了城乡和男女差别之外，父母受教育程度、兄弟姐妹的人数对青少年在校与否有非常显著的作用，而本社区的同龄人在校率更是一个值得重视的影响因素。这一结论启发我们在制定政策或设计干预项目时应当注意，改变社区环境和风尚可能比资助一个女童或一个女童班更为关键。当社区和家庭变量得到控制之后，省和县的经济变量具有相对较小而且不稳定的影响。

（资料来源：郑真真、牛瑞琴、邢立强：《中国 10—18 岁青少年就学的影响因素分析》，《人口与经济》2002 年第 2 期。）

第四节 测量

一 测量过程

定量研究中的测量过程是从概念入手、将抽象的概念转化为具体的变量、遵循明确的规则给分析单位赋值、再寻求能够测定这些变量的方法、最终在现实或实验场景中进行实际测量的过程。

在变量的定义和测量时，需要遵守几个原则：明确、穷尽和互斥。变量内容的定义应毫不含糊、意义明确，不会在不同的场合和研究对象中产生歧义或与其他变量混淆。穷尽则指的是变量定义需力求涵盖所有可能状态，在现有的知识背景下没有遗漏。例如在测量受教育程度时，涵盖从最低到最高的所有可能，即从没有上过学到研究生毕业的各种可能，尽量避免在现实测量中频繁遇到变量定义之外的情况。互斥（mutually exclusive）则是指变量中的每个赋值具有边界清楚的定义，不会有相互包含的情况。

二 测量误差

理想状态的完美测量是测量到的事物或状态与真实的完全相同，但这种情况在社会科学研究中极难得见，因为任何测量都会有这样那样的误差。

测量误差可以分为两类。一类为系统误差，即由于测量过程或概念偏误所产生的系统性偏差，这种误差具有一定规律。例如通过调查对象自己的报告收集个人收入信息时，人们往往会倾向于低报自己的收入，但很少会刻意高报；老年人在报告自己的年龄时，则有可能高报；如果在调查公众观点时使用负面的语气，就可能会得到更多否定的回答；经济社会背景不同的人可能对同一个问题有不同的理解；等等。如果在变量设定时充分考虑到可能出现的偏差，以及关键测量在调查地区的文化和社会背景下的适用性，就可以最大限度地消减系统性误差。

另一类测量误差为随机误差，这种误差是由于各种偶然因素的影响而产生的，如个人情绪、天气或健康状况等会暂时影响一个人的态度。随机误差一般较难事先预料，但由于这种偏差往往不具有规律性和系统性，在样本量足够大的情况下，其作用会相互抵消，也不足以形成改变结果的重大影响。如果能够控制测量环境、排除外部干扰，可以有效减少随机误差。所以，扩大样本量或进行重复测量以及控制测量环境，都可以作为控制随机误差的手段。

三 测量效度

在测量质量的评价方面，主要从效度和信度考虑。如果用一个变量测量了真实的事物或状态，我们就说这是一个有效的测量。测量效度代表了某件事物及其测量间的拟合程度。虽然不可能达到完美的测量，但有些测量的效度相对更好些。

对测量效度的评价可以分三类，即主观效度、准则效度和建构效度。

1. 主观效度

所谓主观效度，强调了对测量效度的主观判断。不少教科书中将主观效度进一步分为表面效度和内容效度，其实质都是通过研究者或有关专家的个人判断，评价某个变量的定义和测量是否与我们的常识相吻合，是否涵盖了这个概念的所有方面，是否清晰地区分了并充分表达了要测量的各组成部分。在构建指标体系时常用的德尔斐法（Delphi method），就是用一套特定方法综合多位专家意见的指标构建方法。从内容效度上来说，有些概念因适用范围不同，不容易有一致的评价。例 2.10 中列举了三种对妇女地位的不同测量，读者可以分析它们的不同之处。

2. 准则效度

对准则效度的判断依据是，该测量是否与某种公认的准则相符。根据判断准则的不同类型，又可分为共变效度和预测效度。共变效度是指被评价指标与已经使用过，并有较高表面效度的指标相比，两者高度相关。例如使用新旧两套试卷对学生进行测验，且旧试卷已被证明对学生的学习效果测量效度高，如果两次分数相关或结果相似，则新试卷就有较好的共变效度。预测效度指的是该指标能有效预测未来事件或行为。例如，如果高考分数高的学生在大学中的学习表现相对更好，则可以说高考成绩具有预测效度。

3. 建构效度

建构效度是针对多指标测量的质量评价，涉及对概念和理论的解释、对理论结构中各变量及其关系的定义，考察指标是否测量了概念，理论结构中各变量的关系是否符合逻辑。例如，对于“和谐”而言，其意义较为抽象而内涵丰富，无法用一个简单问题询问清楚，中国科学院心理研究所的研究团队根据中国的社会文化特点，从自我状态、家庭氛围、人际关系和社会态度四个维度构建了心理和谐量表，用 5 个层次的同意程度评价

“我的日子过得很快乐”、“我的家庭生活很温馨”、“我周围的人能互相帮助”、“社会的不公平现象有所改善”等问题，课题组曾将这个量表应用于分析汶川地震后灾区居民的心理和谐状况与对政府满意度的关系①。

四　测量信度

测量信度是评价测量结果的可信赖程度。测量信度可以从三个方面评价：稳定性、代表性和多指标测量的等值程度。

稳定性

测量的稳定性评价也称重测信度，顾名思义，这是评价重复测量的稳定性。如果对同一事物的两次测量不一致，则该测量的稳定性较差。在问卷调查中，往往含糊不清的问题稳定性就差。对测量稳定性的评价往往通过一段时间间隔的测量和再测量及比较两次测量结果获得。笔者曾经应用86人的样本进行人口经济和生殖健康指标测量稳定性的调查，在河北农村妇女中了解她们的个人信息和生育史，使用相同问卷间隔两月对同一个人群进行了问卷调查。结果发现在个人信息中最容易混淆的是出生和初婚年月，这种混淆是由于问卷要求填公历年月，而农村妇女大部分只记得农历年月，在两种系统中转换时两次不一致，所以不一致的案例都是出生或初婚发生在年底年初的情况；对于从事农副业的妇女来说，自报收入的差距最大，但是在把两次收入分成几个档次（如<1000元，1000—2000元，>2000元等）后，两次报告收入在档次上有差距的案例就很少了。在生育史方面的两次回答符合率为100%，不过对是否有避孕不良反应的回答上，两次回答符合率是64%，说明调查对象在这个问题上不好确定什么问题属于避孕不良反应。仅就这个调查结果而言，可以看出影响测量稳定性的一些因素：虽然出生年月是一个很清楚的问题，但因为有计量系统换算过程，影响了测量的稳定，如果在测量时尽量应用调查对象熟悉的计量系统、事后再换算，就会改善测量的稳定性。在某些情况下，如果追求测量的精确，势必会影响其稳定，如收入。定义不清楚的测量稳定性差，如避孕不良反应，往往需要医生来判断，而这个问题通常不像疾病那样严重，很多人只是认为自己有这种问题，并没有去找医生检查诊断，所以对这类问题就需要考虑其他测量方法。

① 白新文、任孝鹏、郑蕊、李纾：《“5·12”汶川地震灾区居民的心理和谐状况及与政府满意度的关系》，《心理科学进展》2009年第3期，第574—578页。

此外，对于测量稳定性的评价也存在技术上的挑战，如果两次测量时间间隔太短，难免存在测量效应，即调查对象对调查内容非常警觉或记得上次的答案，但如果间隔时间过长则可能有实际发生的变化导致答案不一致的情况。

代表性

测量的代表性是评价一个测量在不同人群中的可靠性问题。如果一个测量在青年人和老年人中产生不同的偏差，或在男性和女性中有不同的意义，那么这个测量就缺乏代表性。为了改进测量的代表性，往往需要通过多次探索性研究和预调查优化和完善变量设计，还有就是应用多个指标，覆盖调查涉及的所有人群。例如，“中国老年人口健康影响因素跟踪调查（CLHLS）”的个人问卷中，为了确保年龄的测量质量（“年龄”在该研究中是关键变量），应用了 3 个问题来测量年龄：请问您现在多大年龄了（周岁），请问您的属相，请问您的出生年月（分阴历和阳历两种）①。

多指标测量

应用多指标测量时，用多指标测量结果的等值程度来评价这组指标是否测量到一致的结果。如果是围绕一个问题进行多个测量，这些测量结果一致程度高，则该测量就具有较高的等值信度。可以通过检查指标间的相关性、折半法（split-half method）等评价多指标测量的等值信度。例如在评估老年人独立生活能力时，常用几套不同的指标如日常生活自理能力（ADL）和工具性生活自理能力（IADL），这些测量已被证明是有效的工具。在一个高龄老人调查结果中，对 ADL 的 8 项指标（包括吃饭、穿衣、洗澡、上厕所、室内活动等）进行折半法分析，得到的相关系数大于 0.8，测量具有较高的等值信度。

在研究设计时，可以用多种方法改善测量信度。首先，研究框架中的概念及结构要清楚，才能够设计定义明确的变量；其次，可以通过多指标对一个事物的测量来减少随机误差、改善信度，而且，在多指标测量中极少出现所有指标都发生相同系统性误差的情况；再次，充分运用和借鉴现有可靠指标和测量方法，确保一定的效度和信度；最后，调查过程的科学设计以及调查实施的质量都是关键，如充分的探索性研究和预调查，质量好的测量工具（问卷和调查员手册），认真的调查前培训和调查过程督导等，都有利于保证测量效度和信度。

---

① 柳玉芝、原野等：《中国高龄老人调查研究》，中国人口出版社 2007 年版，第 158 页。

在对测量的评价中，效度和信度分别评价了测量内容的正确和测量误差的大小，它们之间也是相互关联的。可以说，可靠是有效的必要保证，但不是充分条件。不可靠的测量必然无效，信度高的测量可能由于设计的错误而不具有效度。

五　定性资料的效度与信度

定性研究与定量研究在测量方法上不同，因此在效度和信度的评价方面也不同，但原则其实是一致的，即研究者所收集的信息是真实的、准确的，具有可靠性和一致性。

可以通过应用某些方法来评价定性研究的效度，例如从理论或逻辑关系来讲是否合理，调查发现是否能得到经验数据的支持，各种离散信息之间是否存在有意义的合乎逻辑的关联等，从而判断这些资料的准确性和真实性（详细内容可参见纽曼，2007，186）。

通过一系列检验步骤，可以控制定性研究的信度，如：检查现场记录是否有明显的误记以保证资料的可靠性，在编码过程中确保编码定义自始至终的一致性，研究团队成员在研究过程中定期交流和沟通以保证课题组内部的一致性等。

第五节　指标与指数

任何测量必定要落实到具体指标。指标是可测量的，可以有一组或一个范围内的取值。在不同的教材中，往往将指标和指数互换使用。本书中的指标（indicator）指的是一个单一测量，如年龄、受教育程度、失业率、死亡率等，而指数（index）则指的是由多个指标构成的多指标综合指数。单一指标的确定和多指标的选择，涉及研究目的，理论框架和本章第三、四节的所有内容。而指数的构成，则涉及指标的筛选、去量纲（或称标准化）、加权、综合等一系列步骤①。在指标建构方面，各专业领域多有著述详细阐述，这里不再详述。本节将以介绍指数案例为主，使读者可以从这些实际案例中感知一二，如果希望了解指数的具体估算和综合方法，则可阅读相关参考文献。

① 邱东：《多指标综合评价方法的系统分析》，中国统计出版社1991年版。

例 2.10 社会性别平等指数

（1）性别不平等指数（GII，Gender Inequality Index）

由联合国开发计划署提出的性别不平等指数反映了男性和女性在生殖健康、赋权和劳动力市场方面存在的差异，其分析单位是国家或地区，指数范围在0—1之间，数值越高，性别不平等越严重。女性健康维度的指标包括孕产妇死亡率和未成年人生育率，赋权指数包括女性获得中等以上教育的比例和议会席位中女性所占比例，男性赋权指数包括男性获得中等以上教育的比例和议会席位中男性所占比例，劳动力市场指标对于男女两性都是劳动参与率，其结构见图2.6。

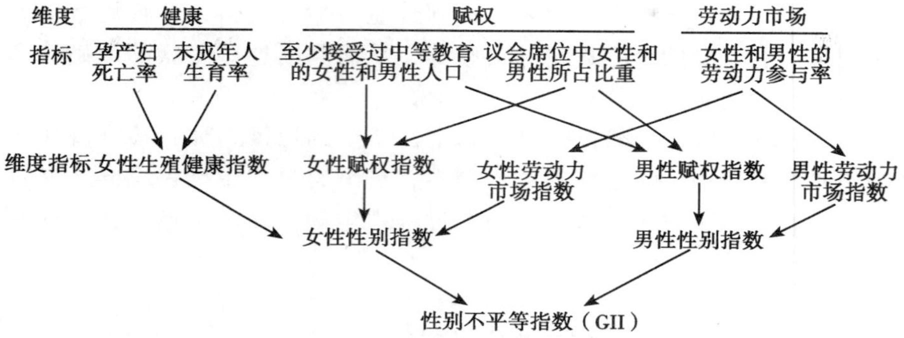

图 2.6 性别不平等指数构成图示

转引自联合国计划开发署《2011 人类发展报告》，技术注释，2011 年，第 167 页。

（2）性别差距指数（GGI，Gender Gap Index）

性别差距指数于2006年由世界经济论坛（World Economic Forum）首次提出，此后每年发布全球性别差距报告，2011年的报告包括了135个国家的性别差距（涵盖了世界总人口的90%以上）。该指数的分析单位是国家或地区，指数范围在0—1之间，0.00表示完全不平等，1.00则表示完全平等。性别差距指数的构造基于三个概念：①关注男女之间的差距而不是绝对水平，即关注资源和机会的公平获得，而不是总体发展水平；②考察结果变量的差距，而不是投入和措施的差距，此处的投入和措施指国家的政策、文化或习俗；③根据性别平等对国家排序，而不是按照妇女赋权，即关注的是两性差别是否缩小，而不是考察妇女“赢得了”多少。性别差距指数有四个维度：经济参与和机会，教育获得，健康和生存，政治赋权。每个维度由2—5个指标构成。以经济维度为例，由5个男女指数之比组成，即：女性与男性的劳动参与之比，女性与男性相同工作的工资之比，女性收入与男性收入之比，女性在立法成员、资深官员和管理者中所占比例与男性同类比例之比，女性职业技术工人与男性数量之比。2011年的全球排名最高的国家为冰岛，性别差距指数为0.8530，中国排名第61，性别差距指数为0.6866，排名最后的是也门，指数为0.4873。考察全球平均状况，性别差距最大的是政治赋权方面，差距较小的是健康和教育，中国的性别差距也是这种状况，见图2.7。

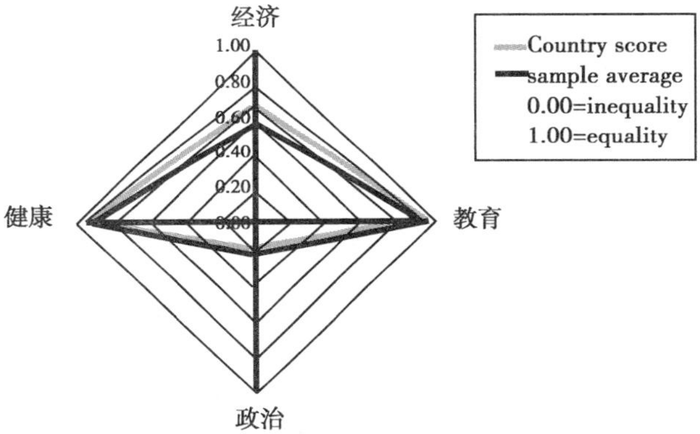

图2.7　全球平均和中国的性别差距指数，2011年

（资料来源：Hausmann，Ricardo，Laura D. Tyson，and Saadia Zahidi. The global Gender Gap Report 2011. World Economic Forum，2011）

（3）中国性别平等与妇女发展综合指数

中国性别平等与妇女发展综合指数旨在评估中国的性别平等与妇女发展状况，该评估体系基于性别平等与妇女发展是两者互为条件、互相促进的辩证统一的理解，将评估内容分为三类指标：①反映男女两性权益享有状况的指标，如15岁以上人口识字率及其比率、男女在业人口非农就业率及其比率等；②反映男女两性对资源分享状况的指标，如各级在校生的女性比例、各级决策者中的女性比例等；③反映女性需求满足和权益保障程度的指标，如孕产妇死亡率、再婚率等。考虑到性别平等与妇女发展的复杂性和促进性别平等与妇女发展的必要性，在利用这些指标进行评估时，除个别指标外，均以真正意义上的性别平等和妇女需求的充分满足为标准，即男女在权益享有和资源分享上没有差距为100分。在构建综合指数时，对不同类型的指标进行了标准化处理，对不同方向的指标进行了趋同化处理。为兼顾平等与发展两个概念，该体系在评估反映男女两性权益享有状况时，将女性享有率和两性享有率之比合成一个综合指标。中国性别平等与妇女发展综合指数由生命健康、教育、经济、政治和决策参与、家庭以及环境六个方面组成，每个方面由多个指标构成一个综合指数，最后形成一个总的综合指数（参见表2.1）。指标的数据来源主要是国家统计局和政府有关部委的年度统计报告、人口普查和人口抽样调查数据及其他全国性大型抽样调查数据。该指数可适用于国家、省和地市级层面，指数取值在100以内，分数越高，表明该地区性别平等与妇女发展状况越好。

表2.1　　中国性别平等与妇女发展综合指数的构成及权重

领域	生命健康	教育	经济	政治和决策参与	家庭	环境	综合指数
权重	0.2	0.2	0.2	0.2	0.1	0.1	1.0

转引自谭琳《2006—2007年：中国性别平等与妇女发展报告》，社会科学文献出版社2008年版，第472页。

例2.11　人类发展指数的演变

人类发展指数（Human Development Index，简写为HDI）首次于1990年由联合国开发计划署提出，其分析单位是国家或地区，指数范围在0—1之间，数值越高，则发展程度越高。提出该指数的主旨是用以人为中心的综合测量取代单纯对经济发展的测量，对人类社会发展程度进行总体衡量。HDI指数最初由3个指标构成，它们分别是：平均预期寿命、成人识字率和按国际购买力平价计算的人均国内生产总值，这些指标经过转换后，取算术平均值，得到一个国家或地区的人类发展指数。1990年以来，除了作为衡量健康和长寿的出生预期寿命这个指标没有改变，人类发展指数的其他部分在不断地完善，指数转换方法和标准也在不断调整，以使测量能更为合理地反映发展的成就。以教育变量为例：先是增加了小学、中学和大学综合毛入学率，与成人识字率综合计算，后者占三分之一的权重；此后在2011年又将教育变量修改为平均受教育年限和预期受教育年限相结合的指数。事实上，在一个人口快速变动或教育快速发展的地区，预期受教育年限因其不受年龄结构影响和实际反映了教育系统时期总体发展水平①，能够更为真实地反映当前教育发展的地区差距。为了体现发展

① 该指标按照测量时期各年龄人口的在校率，推算某年龄儿童未来预期的受教育年数。具体计算方法是：年龄为a岁儿童的预期受教育年数为年龄a至n岁年龄别在校率的总和。这个指标的假设是，该儿童未来各年的在校概率与当前各年龄人口在校率相同。

不平等问题，2011 年又增加了不平等调整后的人类发展指数（IHDI），根据各国的不平等分布水平对每个方面的指数平均值进行折算（见图 2.8）。联合国计划开发署每年定期计算和发布世界各国人类发展指数，在其发布的“人类发展报告”后附有各类指数的指标构成和计算方法。

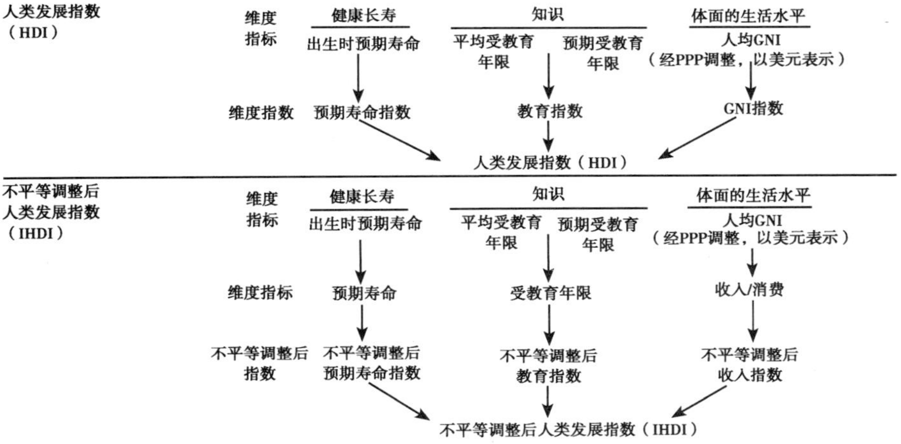

图 2.8　人类发展指数计算图示

转引自联合国计划开发署《2011 人类发展报告》，技术注释，2011 年，第 167 页。

本章小结

- 研究方法的选择取决于研究目的。根据不同的研究目的如探索、描述或解释某种社会现象，可选择与其相适应的定量、定性或两者兼用的研究方法。
- 研究的时间特征分为三类：截面研究、历时研究和近似历时研究。
- 实验研究是定量研究方法之一，用实验研究的思路考虑研究设计，有助于对因果关系的有效研究。
- 概念的操作化和研究变量的设定是研究设计中的关键环节。分析单位是研究的基本单位，在研究设计时需要有明确的界定。
- 测量过程是将概念转化为变量并在现实中操作化、给变量赋值的过程。评价测量的主要是效度和信度。效度和信度既取决于研究设计，也与现场测量过程相关。

思 考 题

一、名词解释

研究设计　分析单位　区位谬误　测量　效度　信度

二、论述题

1. 在确定主题后选择研究方法时，您会考虑哪些因素？

2. 在您的研究领域中较为常用的是定量研究方法还是定性研究方法？为什么？

3. 以例2.7为例，如果作类似于准实验研究，将这些政策试点与其他相对应的邻近县相比进行分析，您会在设计时考虑哪些影响因素来提高该设计的效度？

4. 能否将实验研究的思路应用于定性研究方法？如果可能，如何应用？

5. 举例说明您的研究领域中重要概念的定义和测量方法。

6. 以例2.11为例，讨论人类发展指数的分析单位、测量内容及其优势与局限。

参考文献

1. 白建军：《法律实证研究方法》，北京大学出版社2008年版。

2. E. 巴比：《社会研究方法》（第11版），邱泽奇译，华夏出版社2009年版。

3. 风笑天：《社会学研究方法》，中国人民大学出版社2001年版。

4. 米勒和萨尔金德：《研究设计与社会测量导引》（第6版），风笑天等译，重庆大学出版社2004年版。

5. L. 纽曼：《社会研究方法：定性和定量的取向》（第5版），郝大海译，中国人民大学出版社2007年版。

6. 谢宇：《社会学方法与定量研究》，社会科学文献出版社2006年版。

7. 袁方主编：《社会研究方法教程》，北京大学出版社1997年版。

8. John W. Creswell（2009）Research Design: qualitative, quantitative, and mixed methods approaches, Los Angeles, Sage.

9. Singleton, Straits.（1993）Approaches to Social Research. Oxford, Oxford University Press.

第三章　定量研究方法：数据收集

内容提要

1　数据收集策略
2　抽样设计
　基本概念和定义
　概率抽样
　非概率抽样
　确定样本量
3　问卷调查
　调查问卷的设计
　问卷调查的基本流程

第一节　数据收集策略

在以定量方法为主的实证研究中，最主要的资料就是实证数据。用什么方法获得可靠的数据，是每一位研究者首先需要解决的问题。从研究目的出发，探索性研究不需要大样本的定量数据收集，而描述性研究和解释性研究往往都建立在大规模定量数据分析的基础之上。对于定量研究而言，数据收集主要有问卷调查和实验两种方法，前者是在现实场景中收集数据，后者则是在实验室或人造场景中收集数据。除此之外，还有很多研究是对现有数据进一步深入分析。

在考虑数据收集时，首先应当检索是否已有相关数据。如果其他研究团队已经收集过相关数据，研究者需要考察：

（1）是否能够获得数据。无论是有偿还是免费，有些调查数据可以在签署协议后供研究者使用；

（2）数据来源是否可靠。该数据是否应用科学的方法收集，是否对调查过程有清楚交代，测量工具是否合适，是否对数据质量已有评估；

（3）对研究者拟定的研究目标而言，数据是否具有较好的代表性；

（4）数据的基本单位是否与本研究设计的分析单位一致；

（5）数据内容是否包含了本研究所需要的主要变量。如果以上问题无法得到确切和令人满意的答案，也就是说现有数据不能满足研究需要，那么在时间和人力物力等条件允许的情况下，研究者就要考虑自己收集数据了。

需要研究者实地收集定量数据的方法主要是问卷调查法和实验法。本章的第二、三两节将举例介绍问卷调查法中的抽样和问卷调查。实验法在社会科学中的应用比较有限，如在社会心理学和行为干预方面的研究中应用。实验法主要是在一个较小的可控范围内研究因果关系，例如寻找或验证一两个干预因素对人们行为改变的作用，使用实验法的另一个领域是实验经济学，主要目的在于检验基本经济原理及其假设、了解人们的经济行为等。有兴趣的读者可以参阅本领域中有关实验法应用的文献。

以下两节分别介绍抽样设计和问卷设计，这是问卷调查中必不可少的步骤。

第二节　抽样设计

一　基本概念和定义

在讨论抽样之前，先明确三个定义：总体和样本、抽样单位、抽样框。

1. 总体和样本

在确定了研究的分析单位之后，首先要定义研究总体，这个总体（population）指的是我们要研究的目标群体中的所有个体。这里的“个体”指的是最小分析单位，可以是人，也可以是物、家庭或团体。为了叙事方便起见，作者假设研究目标为个人。

对一个总体的定义涉及三个维度：

（1）内容：这个总体包括哪些人？是所有的人，还是具有某种特征的人，比如说老人或儿童？如果总体是儿童，年龄范围是多大？确切地说，是0—14岁儿童。

（2）地理范围（空间维度）：是涵盖全国人口，还是全国城市人口，还是东部城市人口？如果是东部城市人口，哪些地区算东部？比如说研究总体是上海儿童，就要明确究竟是上海市城区，还是上海郊区县，或者是全上海市的儿童？

(3) 时间：确定在某个时点或时期在特定地理范围内的个体。例如，“中国总人口”指的是在中国居住的所有中国人，但是1990年的中国总人口显然与2010年的中国总人口不同，所以要明确定义时间。

围绕这三个维度的明确定义，我们可以定义一个研究总体。例如：2010年11月居住在上海市的所有0—14岁儿童。

在社会调查中都需要抽样，因为普查（即对总体中的所有个体进行调查）既昂贵费时，往往也没有必要。在明确定义总体之后，就可以从总体中抽取一部分个体作为样本。抽样有多种方法，其基本原则就是使样本这个群体尽可能对总体有代表性，使预期样本的估计值尽可能接近总体的真实参数。

2. 抽样单位

抽样单位是抽样的基本单位，如个人、户、公司、团体。每个基本单位有唯一的标记，如个人编码、户编码、公司编码。在复杂抽样设计中，抽样单位随层次变化，在设计中需要明确每一步的抽样单位。如例3.1中，初级抽样单位是市，二级抽样单位是县，三级抽样单位是村，四级抽样单位是有55岁以上老人的家庭户，最终抽取户中的一个成年人作为调查对象。

3. 抽样框

抽样框是抽样单位的名单，也可以看作是总体的操作化定义，该定义包括总体中所有个体的名单和定义要素的规则。抽样过程就是按照设计好的抽样方法在抽样框中抽取样本的过程。如果在初中三年级学生当中进行升学意向调查，抽样框就是所调查学校的初三学生名单，名单的排列是按照班级和班级内的姓名，还是按照全年级所有人的姓氏笔画或姓名的拼音排序，则应当有明确的规定。例3.1中的初级抽样框就是山东省的17个市级单位，二级抽样框是所有县的编码名单，名单排序规则是按照人均GDP，如果按照国家标准码，则会有不同的排序。

完整无偏的抽样框是抽样设计的关键。如果使用的抽样框不是完整的研究总体，根据这个抽样框设计的抽样就可能有偏差。有些抽样框比较稳定也容易得到，例如市级单位和县级单位都可以在相关统计年鉴中查到，而且大多数都是多年不变的。但是有些抽样框则不一定能反映真实情况。以初三学生调查为例，如果研究者得到的名单是初一入学时的记录，而在初中三年当中辍学和转学的学生占了一定比例的情况下，这个名单就不能真实反映在初三调查时的情况。而当抽样框只反映了总体中具有某种特征的子群体时，会导致样本产生严重偏差，抽样调查结果会出现严重错误，例如美国历史上1936年和1948年两次总统选举民意调查的失误，在很大程度上是由于抽样框的错误：前者是以电话簿和车牌登记为抽样框，仅覆盖了少数富人群体；后者是在1948年应用了1940年的人口普查资料为配额抽样依据，结果高估了农村人口比例①。

因此，无论是随机抽样还是非随机抽样，有一个“好”的抽样框至关重要。所谓“好”，其实是相对而言，有些情况下无法得到完整的抽样框（如流动人口调查），但是应力求对研究总体构成有尽可能详细的了解。

二 概率抽样

概率抽样的原则是随机选择，因而目标总体中的每一个体被选中的几率确定且非零。抽样方法的设计是力求样本能够与总体的主要特征一致。概率抽样中的“随机”指的是应用随机数确定样本的选择。随机数是一组均匀分布、在统计上相互独立、可再生的数。一般统计软件和数据处理软件如Excel等都能生成随机数，在很多统计教科书或研究方法的书后都附有随机数表。

概率抽样的优点是可避免研究者主观的选择性偏差，并可应用数学概率法则，如估计总体参数和估计抽样误差等。但应用概率抽样的前提条件是已经有抽样框。

概率抽样主要有简单随机抽样、系统抽样、分层随机抽样、随机整群抽样、分层整群抽样、复合型多级随机抽样和概率比例抽样等多种形式，以下介绍几种主要抽样设计。

简单随机抽样

简单随机抽样是在确定样本规模后，从有一定顺序排列编码的抽样框中，根据随机数从中选取编码等于随机数的样本个体。如果总体规模为N，样本规模为n的话，任何个体被抽中的概率都相等，为n/N。虽然简单随机抽样方法简便，但是在总体规模较小的情况下，有可能会漏掉具有某种重要特征的个体，从而得到一个有偏差的样本；而在总体规模很大的情况下，实施起来较为烦琐。

① 这两个案例详见巴比《社会研究方法》（第11版），华夏出版社2009年版，第182—184页。

系统抽样

系统抽样是对简单随机抽样的一种改进。系统抽样主要分两步。首先确定抽样比和抽样间距：假设确定了样本 n，总体规模为 N，则抽样比就是 n/N，定义抽样间距为 k = N/n。然后在抽样框中随机选取一个编码小于 k 的个体作为抽样起始点，每隔 k 抽取一个样本。

如果总体名单是随机排列，则这种方法的抽样效果与简单随机抽样等同，但在总体名单较长、样本量较大的情况下，系统抽样更易于操作。如果名单是按照某种特征排列，则这种抽样方法的效果等同于分层随机抽样。

分层随机抽样

考虑到目标总体的主要差异，可以将总体按照某个特征划分为两组或更多组，使每组内具有更高的同质性，然后对每组实施简单随机抽样，再合成总样本。例如在大学生当中调查时，可以按照文理科或系分组，这样就不会漏掉人数较少的系，或者按照男女生分组，就不会在女生较少的理工科中出现样本中没有女生的情况。因而，在已知目标总体的特征结构，而且某些特征对研究分析来说十分重要的情况下，分层随机抽样可能比简单随机抽样更能反映总体的真实特征。

整群抽样

整群抽样是先把目标总体按照一定规则分成子群体，这些子群体之间应具有较强的同质性，但在子群体之内具有较大的异质性，如一个乡镇中的行政村，一个年级中的班；然后随机选取子群体，最后在选中的子群体中抽取所有符合标准的个体进行调查。用这种方法，在划分和选择子群体时，只需要有子群体的信息就可以，而无需总体名单；在选择了子群体之后，只需要抽中的子群体中的名单即可。因而简化了抽样过程，尤其是在总体名单不易获得的情况下，这种方法更为可行。不过，整群抽样适用于子群体内部存在差异、子群体之间差异较小的情况。如果子群体内部差异较小而子群体间差异较大，样本就可能无法反映总体的特征，在下一步的统计分析中也可能出现问题。因而在整群抽样中，制订子群体的划分规则十分重要。尽量使子群体之间具有强同质性，可以有效降低抽样误差。当子群体规模差异较大时，可以采用概率比例抽样来确保样本的代表性。

概率比例抽样（PPS）

概率比例抽样的思路是，当总体被分成规模大小不一的多个子群体后，令子群体被选中的概率与其大小成正比，在群体内选取数量相等的样本。这样，规模大的子群体被选中的概率相对大，但是由于大规模子群体和小规模子群体中抽取的个体数量相等，于是大规模子群体中个体被抽中的概率就相对较小，因而总的来说，每一个体被抽中的概率相等。概率比例抽样既具有整群抽样的方便，又具有简单随机抽样的概率均等特点。例 3.1 对概率比例抽样有更详细的介绍。

多阶段抽样设计

在对规模较大或空间跨度较广的研究总体抽样时，往往不容易一次得到总体的完整抽样框。如例 3.1 中要对山东省家庭户中的老年人进行调查，不大可能得到包括所有家庭户的名单，但市和县的名单则容易得到。另一方面，研究总体的空间分布往往具有一定规律或特征，如农村和城市不同，东部和西部有差距等，在抽样时需要考虑代表性问题。在这类情况下，使用多阶段抽样更合适。多阶段抽样往往和分层抽样结合，以确保样本对不同特征群体具有较好的代表性。随机或非随机方法都可以在多阶段抽样中使用，如例 3.1 使用的是多阶段随机抽样设计，而例 3.2 中的两个抽样都是使用非随机方法。在例 3.1 的多阶段抽样中，首先是对 17 个市级单位进行随机抽样，因此第一阶段的抽样只需要市级单位的名单；第二阶段所需要的名单是抽中的四个市的县级名单，请注意在第二阶段抽取调查县时，采用了分层设计；第三阶段的抽样单位为村，使用了在第二阶段抽中的 18 县的村级名单；第四阶段是使用村内有老人家庭的户名单。这样，抽样单位逐级下降，最终所需要的是 72 个村的户名单，而并不需要全山东省的户名单。

例 3.1 多阶段、分层、PPS 抽样

（1）研究目的

山东是我国农村人口老龄化比较严重，老龄化速度比较快的省份之一。根据 2005 年人口抽样调查推算，山东农业人口中 65 岁及以上老年人口 680 多万，占农业人口的 9.53%，其中 80 岁及以上高龄老人 123.7 万，占 65 岁及以上老年人口的 18.2%。山东不仅是农村人口老龄化比较严重的省份之一，也是我国农村养老保险试点开展较早的省份之一。在过去十多年的试点过程中，积累了丰富成功的经验并遇到了许多困难及挫折。认真总结山东试点地区的经验，研究山东农村养老保障遇到的问题，对理解和探索中国农村养老保障具有典型意义。

（2）概率比例（PPS）抽样设计

本项研究数据的收集方法采用概率比例的抽样方法。考虑到目标总体

的稳定性和同质性等方面因素，采取多阶段、分层、PPS 抽样的方法。具体抽样步骤是：

第一步，在全省 17 个市级单位中，按人均 GDP 大小排序后，以各市人口总量规模概率成比例（用 PPS 方法）抽取 4 个市级单位；

第二步，在 4 个市级单位中以农业、非农业人口比例为分层变量，同样，对层内按人均 GDP 大小排序，以人口总量概率成比例方法（即 PPS 方法）抽取 18 个县级单位；

第三步，在每个县级单位中按人口总量概率成比例（PPS 方法）抽取 4 个村级单位；

第四步，在每个村级单位按 55 岁及以上老人家庭户排序，采取系统抽样或随机抽样的方法抽取 16 户；

第五步，在抽中的户中，用 KISH 抽样表，每户选择 55 岁及以上家庭成员中的一人作为调查对象。

山东农村老年人口养老现状与需求调查的市级单位 PPS 抽样的起始设随机数为 1767，累计间距为 2341.745。具体过程见表 3.1。

表 3.1　山东市级单位抽样基础数据和抽样结果

地　区	人口	人均 GDP	人口累计	抽样
东营市	199.09	8.362047	199.09	
威海市	279.96	5.655987	479.05	
青岛市	838.67	4.514911	1317.72	
淄博市	448.39	4.337786	1766.11	
烟台市	699.45	4.117464	2465.56	1767.00
济南市	657.15	3.899886	3122.71	
莱芜市	126.78	2.896908	3249.49	
滨州市	367.12	2.806412	3616.61	
枣庄市	364.04	2.542468	3980.65	
潍坊市	883.61	2.326841	4864.26	4108.75
日照市	272.29	2.312167	5136.55	
泰安市	543.34	2.256616	5679.89	
济宁市	791.66	2.192873	6471.55	6450.49
德州市	545.28	2.16553	7016.83	
聊城市	553.66	1.852075	7570.49	
临沂市	979.94	1.694451	8550.43	
菏泽市	816.55	0.840145	9366.98	8792.24

根据研究抽样设计，考虑到泰安是山东农村养老保障试点地区和行政配合等方面的因素，将济宁调整为泰安，《山东农村养老保障现状与需求》研究项目在山东4个市级单位中18个县级单位的72个村进行，但由于行政组织管理等方面的原因，实际只有67个村接受调查。调查样本点的县级单位地区分布如图3.1。从图中可以看到，本次调查市级单位呈现东西方向分布，市内县级单位呈现南北方向分布。

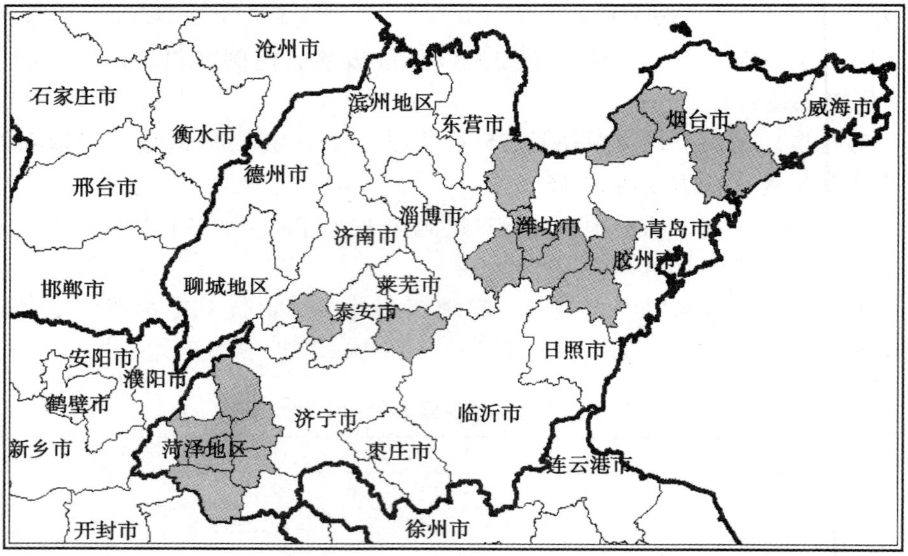

图3.1　抽样调查样本点分布

（3）调查对象的年龄结构检验

年龄是老年人口之间差异的最主要标志。年龄结构的代表性是数据质量评价的最基本方法和最基础的变量。考虑到其他来源数据的可获得性和可比性，本报告的数据质量检验主要以年龄结构检验为主，并从调查数据的内部和外部两个方面进行检验。

首先，从调查数据内部进行一致性检验。本次调查除了被调查老人申报个人年龄性别以外，家庭户表也登记所有家庭成员的性别和年龄。在家庭户表中登记了55岁及以上农村老人1879人，其中男940人，女939人。从调查对象的年龄构成与家庭户表登记的老人年龄结构的对比来看，被调查老人的年龄结构与调查家庭登记的55岁及以上老人的年龄结构非常吻合（见图3.2）。

其次，与调查数据外部数据进行一致性检验。从外部数据检验来看，

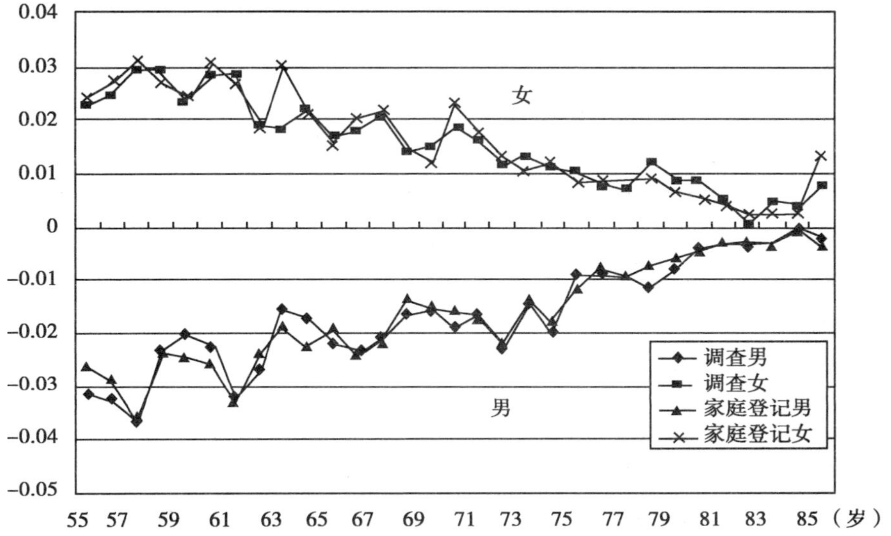

图 3.2　调查对象年龄结构

调查样本的年龄结构与 2000 年人口普查、2005 年 1% 人口抽样调查相应人口年龄结构存在一定的偏差。偏差主要表现在男性老年人的比例偏大和男女 75 岁以下年龄组人口比例偏大而 75 岁以上年龄组人口比例偏小（见图 3.3）。具体来看，调查样本 75 岁以下老人占 84.83%，而其他大规模抽样调查数据 75 岁以下老人所占比例在 78% 左右，相差近 6 个百分点。

本项研究除了对抽到样本老人和家庭户进行登记外，还同时对该地区所有常住人口和户籍人口进行摸底调查。在抽中的乡村中，对全村所有常住人口和户籍人口进行登记，共登记 61068 人，其中男 30592 人、女 30476 人。从乡村登记人口的年龄结构来看，本次调查登记所有抽样地区人口年龄结构尤其是农村 55 岁及以上年龄别人口比例与 2005 年 1% 人口抽样调查相应人口结构高度吻合，而且与五普数据高度吻合（见图 3.4），这既证实了山东农村老人的稳定性，也证实了抽样地区乡村人口对山东农村人口的代表性。

总之，从样本人口的年龄结构数据一致性检验结果来看，村级登记的全部人口对山东全省农村人口有较好的代表性。但从 55 岁以上老年人口的年龄构成来看，由于抽样框和调查管控的原因，调查对象的年龄性别结构与总体存在一些偏差，在推断总体状况时需要进行加权。因此，在调查

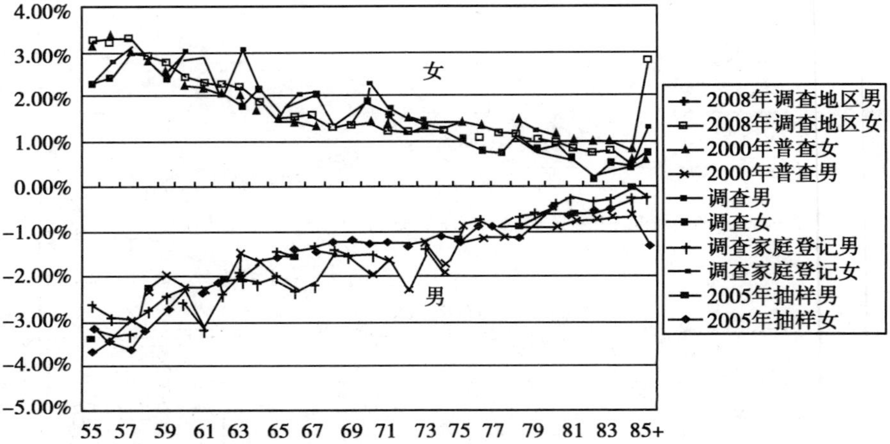

图 3.3 调查地区全部老年人口年龄结构与 2000 年人口普查比较

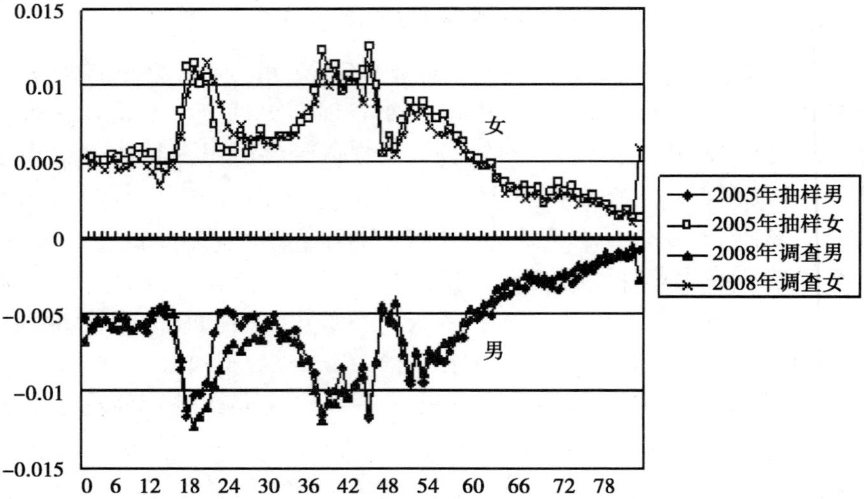

图 3.4 调查地区全部人口年龄结构代表性检验

报告中所列出的结果都是以全部摸底登记人口年龄结构为基础、对调查对象进行加权的结果，以调整并减小村内抽样或拒访带来的可能偏差。

（本案例由王广州撰写，该研究成果详见："山东农村养老保障现状与需求调查研究"课题组《山东农村养老保障现状与需求调查研究》，《中

国人口年鉴》2009）

三　非概率抽样

与概率抽样相比，非概率抽样具有极大的局限性。这类抽样方法没有固定的措施来控制样本选择偏差，也无法预见变化模式，因此不能计算抽样误差或估计抽样精度。然而，在很多实际情况下，非概率抽样仍然十分有用，例如：总体案例较少时，进行历史事件研究时，开展初步的探索性研究时，或在没有合适的抽样框时，都需要应用非概率抽样。非概率抽样主要有便利抽样、立意抽样、配额抽样和介绍抽样四类。

便利抽样

便利抽样也称偶遇抽样或随意抽样，可以说是没有任何章法的抽样，即遇到愿意回答问题的人就是样本。请注意不应将这种方法理解为“随机”抽样，因为一个调查员遇到的人并不是随机的，例如白天在街头随意采访，遇到的人大多是不必在常规时间上班的人。这种抽样方法虽然简单易行，但是也很容易产生偏差而不具有代表性，即使有成百上千的样本，却可能得到错误的结论。所以在社会科学研究中不提倡使用这种方法。

立意抽样

立意抽样（Purposive sampling）也称为目标抽样、目的性抽样或判断抽样，是根据研究者的个人判断和现有信息来选择样本。样本的特征与研究目的相关，或与研究者所掌握的信息结合，如当地收入水平、职业构成等。立意抽样不一定具有代表性，也不宜推广到总体，一般在探索性研究和定性研究中使用。不过，如果研究者掌握了足够有关研究总体的特征信息，可以将立意抽样与配额抽样相结合，得到较具代表性的样本。

配额抽样

配额抽样可以看作是分层的立意抽样。如果研究者了解研究总体的特征和结构，但无法得到完整的抽样框，则可以将研究总体按照特征分层，如一个人群的年龄、性别、职业等特征，然后根据现有信息估计各层结构，确定具有某种特征人群的样本量，接下来就在总体中按照这个固定的样本量非随机选择调查对象，直到满足样本数量为止。这种方法的易行之处在于不需要完整的抽样框，也不必多次访问（如果这个人没有调查到，可以换一个具有相同特征的人）；但是由于这种方法过于灵活，如果掌握不好可能得到有偏的样本。有些应用将概率抽样与非概率抽样结合起来，在较高层抽样单位采用整群多级概率抽样，如城市、区县、街道、社区委员会，在这些层次比较容易获得完整的抽样框，在最终层次由于无法得到社区中所有居民的名单，则转为非概率的配额抽样。如果设计合理、实施质量能够保证，这种方法往往可以得到令人满意的效果。

介绍抽样

介绍抽样是通过研究对象之间的某种联系，从少数人开始、逐渐扩大样本。这种抽样方式的选择往往与研究内容有关，即研究内容不适宜在公开场合谈论，或研究对象具有某种不愿公开的共同身份。根据联系方式划分，介绍抽样又可以分为网络抽样和滚雪球抽样。网络抽样是通过研究对象的社会或亲属网络，由少数人介绍而逐渐扩大到一个比较有代表性的群体。例如在研究出生性别比问题时，由于胎儿性别判断和性别选择性人工流产是国家明令禁止的行为，无人愿意公开承认自己有过这种经历，不过这类做法在邻里和亲属之间都有交流，因而有研究者利用农村中的亲属网络开展抽样调查，并深入了解到很多有价值的事实真相①。滚雪球抽样则往往应用在调查对象两两之间相互熟识或具有某种联系，但关系并不公开的情况下，例如同性恋、性工作者或吸毒者群体。

例 3.2　多阶段分层立意抽样设计

（a）深圳外来务工人员的环境与健康研究

这个项目通过问卷调查，研究城市外来务工人员所处的环境特征及其健康效应。调查以户口不在深圳市、来深圳务工经商半年及以上、目前在业者为调查对象。调查采取多阶段分层目的性抽样设计，设计时参考了2005 年深圳市各区人口构成特征和 1% 人口抽样调查结果中的深圳市流动务工人员（因“务工经商”而离开户籍地）的基本特征。具体抽样步骤为：①在深圳市六个区中，选取人口规模最大、流动人口分布集中，但社会经济特征各异的三个区；②在选中的三个区中，根据社会经济特征选取一系列外来人口较多的街道；同时为确保在样本中包括居住在集体宿舍的外来务工者，根据各区外来务工人员的行业分布特征，分别选取了一系列外来务工人员比重较大的行业开展调查；最终在三个样本区中共抽取了 7 个街道、12 个工厂，涉及了制造业、建筑业、交通运输业、批发零售业、住宿餐饮业、其他服务业等行业；③在选中的街道和工厂中，按照目的性

① 楚军红：《中国农村产前性别选择的决定因素分析》，《中国人口科学》2001 年第 1 期，第 61—66 页。

抽样原则，抽取一定比例的调查对象，尽可能实现抽样对象在个人特征及所处环境等方面的多样性，并基本反映深圳市外来务工人员的性别、年龄、职业等总体分布特征。

这次调查共抽取并成功调查了1025位外来务工人员。从被调查者的基本情况来看，本次调查的样本中抽样设计使用的分层变量和其他主要人口与社会经济特征及深圳市流动人口监测数据高度接近；因而，本次调查数据能够较有效地反映深圳市外来务工人员的基本特征与状况，对深圳市流动务工人群具有较好的代表性。①

（b）莫斯科流动人口中的民族文化多样性与感染艾滋病风险研究

莫斯科有大量来自前苏联中亚国家的非正式流入人口，但对这个人群尚缺乏准确的统计数据。研究人员根据该人群的就业特点进行抽样设计，使样本尽可能代表这个研究群体。作者在文章中介绍了应用基于工作场所的分层概率抽样设计及其效果。这是在没有完整抽样框情况下的一种变通。

根据探索性研究发现，研究将涉及的调查对象主要集中在三类工作场所：集市、小餐饮店和小零售店；流动人口的主要民族构成为吉尔吉斯、塔吉克和乌兹别克。根据研究者所了解的不同民族流动人口从事职业的分布情况，抽样设计为多阶段抽样。

集市的抽样与餐饮店和零售店有所不同。研究者首先列出莫斯科的40个主要集市，从中为每个民族选择2个大型和3个中小型集市为抽样点。在每个集市中应用类似系统抽样的方法，每5个摊位抽一个调查。

餐饮店和零售店的抽样分为两步。第一步抽样以莫斯科地铁系统为依据，对每个民族选择两条不相邻的地铁线，在每条地铁线随机选择4个城市外围车站和3个城市中心车站，所选中的外围站500米以内、中心站300米以内周边区域即为初级抽样单位；第二步抽样的单位是店铺，分别列出所有餐饮店和零售店的店铺名单就是二级抽样框。调查员在店铺营业时间根据民族和年龄选择合格的对象开展调查，如果一个店铺内有多个合格调查对象，则按名字第三个字母的俄文拼音排序编码、随机选取1人调查。②

---

① 牛建林、郑真真、张玲华、曾序春：《城市外来务工人员的工作和居住环境及其健康效应》，《人口研究》2011年第3期。

② Agadjanian, Victor and Natalya Zotova. Sampling and surveying hard-to-reach populations for demographic research. Demographic Research, 2012, 26 (5): pp. 132—150.

例 3.3 中国老年人口健康影响因素跟踪调查

中国在20世纪末进入了老龄化的阶段，而当时中国还没有全国范围的老年人口健康与家庭、社会、经济、环境等综合性基础数据，尤其缺乏对80岁以上高龄老人情况的了解。为此，“中国高龄老人健康长寿影响因素研究”项目启动，于1998年在22个省/市/自治区进行了首次调查，此后又将调查范围扩展到65岁及以上老人，增加了老人的成人子女样本，并将调查名称改为“中国老年人口健康影响因素跟踪调查”。该调查分别于1998、2000、2002、2005、2008年和2011年在全国22个省/市/自治区进行了6次调查（辽宁、吉林、黑龙江、河北、北京、天津、山西、陕西、上海、江苏、浙江、安徽、福建、江西、山东、河南、湖北、湖南、广东、广西、四川、重庆），这些省/市/自治区的人口约占全国总人口的85%。

为了能够调查到足够多的高龄老人尤其是百岁以上的老人，该调查的抽样设计采用的是比较灵活的多阶段不等比例随机抽样方法。如果按照实际人口用等比例抽样的方法选取样本，将使样本不合理地高度集中在相对较低的年龄段及女性老人，从而使90多岁以上的高龄老人、尤其是男性高龄老人因样本量太少而失去代表性及研究意义。基于以上考虑，该调查的具体抽样方法如下：

（1）在22个省/市/自治区中随机选取了约50%的县/县级市/区；（2）在这些调研地区，入户访问所有的百岁老人；（3）就近访问80—89岁和90—99岁老人各一名，这两位被访老人是按照百岁老人编号随机选择年龄与性别后确定的。这样选取样本的基本思路是：入户访问调查的80—89岁及90—99岁老人分别与百岁老人被访人数大致相同，而80—99岁的各单岁男、女被访人数亦大致相同。为了保证跟踪调查的连续性与不同时点的可比性，课题组对死亡老人按同性别、同年龄的原则就近递补样本。

课题组从2002年起，将调研的年龄范围扩大到65岁及以上所有年龄，除80岁及以上高龄老人外，新增了65—79岁老人子样本，并于2002年在8个省市增加了老人的35—65岁成年子女子样本。65—79岁老人的抽样与上述80—99岁老人抽样方法相同。成年子女抽样原则为：如果被访老人有两个或更多符合条件的子女，则根据老人出生月份选择访问对象；例如，如果被访老人有两个子女符合条件，若老人在上半年出生就访问年长的子女，若老人在下半年出生就访问年轻的子女，以此类推。这种抽样原则操作简便，同时也具有随机抽样的效果。

由于该调查在样本设计时对高龄老人、男性老人、城镇老人进行了超比例抽样，所以当研究者利用该数据计算变量的均值或分布以反映调查省份老年人口总体状况时，或进行不同组间比较时，需要使用权数。

课题组对1998、2000、2002年的样本进行了质量评估，结果显示调查的总体质量较高，达到或超过了国际同类调查的质量水准。值得一提的是，这套调查数据是国内目前唯一向所有研究者开放的全国性老年健康方面调查的跟踪数据①②。

四　确定样本量

在设计抽样调查的样本量时，需要综合考虑研究总体的异质性、研究所需要的精度、分析方法和变量设计、抽样方法以及调查资源。

研究总体的异质性

对研究总体内部差异的考虑，主要在于研究者最感兴趣的研究特征分布，如果这些特征的分布较为分散或分类繁多，就需要相对较大的样本量，以期既能反映这些特征，也可以增强调查数据的可靠性。

预期精度

研究者所期望达到的测量精度并不是越高越好，而应取决于具体研究目的和研究内容。精度太低往往无法判断实际存在的差距和变化，而不必要的高精度则会大大增加调查成本。以估计某个分类变量为例，假设已知某个年级的学生中女生占一半左右（即 $p=0.5$），为了把描述学生特征的精度控制在d，计算样本量的公式则为

$$n = \frac{z^2 p(1-p)}{d^2}$$

公式中的 z 是正态分布的标准差，通常可用1.96，或约等于2。此外，因 $p\times(1-p)$ 在 $p=0.5$ 时达到最大值，一般在对总体中真实比例缺乏了解的情况下，为了保证有足够大的样本量，往往假设 $p=0.5$。这样，上式就可简化为

$$n = 1/d^2$$

① 可从网站 http：//web5. pku. edu. cn/ageing/html/projects. htm 了解获取数据方法。

② 曾毅等主编：《健康长寿影响因素分析》，北京大学出版社2004年版。

样本量的大小就取决于所期望达到的精度 d。如果设精度为 0.05，即控制误差在 5%，则样本量至少应为 400；而如果要求精度达到 0.02，所需样本量就上升到 2500。可见提高测量精度要求会显著增大样本量。

分析方法和变量设计

样本量的选取与分析方法和变量设计有直接关联。比如描述性统计和双变量分析所需要的样本往往小于较为复杂的多变量分析。而变量分类越细，要求样本量越大。例如在对就业者估计时，设计 400 人的样本量，在描述和分析中要求分男女性别，假设男女各占一半，这样男性和女性就分别有 200 人；如果进一步将就业者细分为从事脑力劳动和体力劳动两类，假设男性从事脑力劳动者 50 人；若再将脑力劳动者中的管理人员与其他普通文职人员区分开，这时可能只有 5 人为男性脑力劳动者中从事管理工作的。显然对 5 个人的分析没有任何意义。在这种情况下，就需要增加样本量，或重新设计变量分类。

抽样方法

抽样方法的设计也影响样本量的选取。整群抽样虽然简便易行，但精度却较差。相对而言，分层随机抽样已经考虑到总体中的差异，在分层后抽取较小的样本就可获得足够高的精度。简单随机抽样的精度则处于两者之间。

调查资源

可用的调查资源是所有要进行调查的人都必须考虑的因素。资源包括经费、人力、时间和其他条件。调查的样本量首先要根据经费“量体裁衣”，根据调查地点和现场情况估计出“人均”费用、“人均”人力和“人均”耗时，“人均”在这里指每个样本平均所需资源。事实上，调查如同一场战役，所有步骤、过程、后勤安排和保障都需要周密的计划和协调。

第三节 问卷调查

一 调查问卷的设计

在定量研究中，通过问卷调查收集数据，往往可以在短时间内获得较大的样本量，可以用于定量描述研究对象或事物的状态、趋势、态度、观点等，是社会科学研究中常用的数据收集方法。问卷调查的设计是一个较为标准化的过程。在决定进行问卷调查时，对以下问题给予明确的答案，有助于形成更为清晰的调查方案：（1）问卷调查要达到什么目的？（2）为什么一定要通过问卷调查来达到这个目的？（3）是做一次性调查还是历时或跟踪调查？（4）具体用什么方式调查，是请调查对象自己填写问卷（纸质问卷或电子问卷）、由调查员填写问卷、电话调查还是网上调查？

我们假设在设计调查问卷之前，研究者已经做好了所有准备，包括研究的理论准备、研究或分析框架的构建、概念的操作化和变量的测量等，而调查问卷则是为这项研究收集定量数据。在设计问卷之前，最好能够收集现有已经证明较为可靠的相关调查问卷，学习借鉴成功经验，同时还需要对调查对象的状况和背景有足够的了解，问卷的内容和问题方式尽量考虑当地和特定人群的特点，避免“闭门造车”。以下提出一般问卷设计应当注意的要点。

问卷调查一般用于了解大规模群体的现实状况，问卷中的一个主要部分就是收集被访者个人（或其家庭）的必要信息，其余部分则根据研究或分析框架的结构按照一定的逻辑关系分成不同模块。例如2002年中国老年人健康长寿调查问卷由基本状况、老人对现状的评价及性格特征、老人的各种能力测量、生活方式、日常活动能力、个人背景及家庭结构、体检结果以及访问后观察记录8个部分组成。图3.5为基本状况的部分内容。图3.5问卷示例中有界线清楚的三列，即问题陈述（或项目名称）、答案和编码。这也是一般问卷每个问题的基本组成部分。

问卷的设计既要考虑收集到完整的信息，也要考虑实施方便，尤其需要考虑到被访者的接受程度和回答问题时的放松程度。问卷设计者应当尽可能了解被访者的社会经济状况以及生活和工作环境，问题内容需尽量贴近调查对象，容易被接受。设计问卷的问题陈述时需尽量清楚明确，避免被访者误解或难以理解；一般问题应当简短，最好能在一行结束，这样既使得卷面清楚、也使被访者能很快回答；关于现状、事实和主观判断提出的问题一般更容易回答，而关于态度、观点等问题则往往会使被访者花时间思考；如果问题之间缺乏连贯性和逻辑关系，则会使被访者疲于跟着问题“跳跃”。这些都是在问卷设计时需要注意的。

问卷设计中常见的错误包括不清楚的问题、概念抽象的问题、具有导向性的问题、一边倒或具有倾向性的答案选择、双重含义的问题、措辞不当或语言不通顺的问题、过长过繁的问题等，都需要避免发生。

A　基本状况		编码
A1　性别：	1.男　　2.女	□
A2　民族：	______	□
A3　请问您现在多大年龄了？（如果老人回答虚岁，则追问其周岁年龄）	______周岁	□□□
A3-1 请问您的属相 属相：1.鼠　2.牛　3.虎　4.兔　5.龙　6.蛇　7.马　8.羊　9.猴　10.鸡　11.狗　12.猪	属相：______ ○	□
	其属相对应的阳历出生年份______	□□□□
A3-2 请问您的出生日期（必须问清出生月份）：	阴历：______年____月 ○	□□□□ □□
	阳历：______年____月 ○	□□□□ □□

图 3.5　调查问卷示例

资料来源：柳玉芝、原野等：《中国高龄老人调查研究》，中国人口出版社2007年版，第158页。

调查问卷是收集定量数据的操作工具，每个问题的设计直接影响到所收集信息的有效性和可靠性。例3.4以年龄的测量为例，展示了如何通过问卷设计和调查过程提高数据的有效性和可靠性。

例 3.4　问卷调查中对老年人的年龄调查

老年人的很多健康问题都与年龄密切相关，年龄信息是老年人健康研究中的关键。年龄高报会导致对高年龄段死亡率的低估。中国老年人健康长寿影响因素调查采用了多种方法来确认被访老人的年龄：（1）在数据搜集时使用了用户友善型表格，将被访老人申报的农历出生日期转换成公历日期。调查员在搜集老人年龄时不仅询问了年龄，还询问了出生年月，调查结束后再通过计算其与调查日期之差得出被访老人的实际年龄，以避免由于中国人计算虚岁的传统而引起混淆（参见图3.5中的A3部分）；（2）调查还利用了与出生日期有关的其他信息，如家谱记录、身份证、户口登记手册等，来确认被访老人的年龄；（3）调查员与监督人员通过调查被访老人的父母的年龄、兄弟姐妹的年龄、子女/孙子女的年龄以及被访老人结婚生育时的年龄等信息进行进一步确认；（4）调查问卷中设计了一个附加问题，让每一位调查员对被访者的年龄有效性进行判断；（5）若被访者报告其年龄超过105岁，调查员就会到当地居委会或老龄委进行咨询予以佐证。如果问卷中发现有任何年龄不准确或者其他的逻辑问题，将针对这一特定问题进行再次入户访问或电话调查。①

二　问卷调查的基本流程②

问卷调查是一个从抽象概念转变为可测量的过程。为使问卷调查具有科学性、规范性和可行性，一般可以参照图 3.6 所示的流程进行，该图显示调查目标的实现取决于抽样和测量过程两个方面。一个问卷调查从开始到结束，其基本步骤是：

1. 确定研究目标。一个好的调查统计结果取决于合理的研究设计。因此，在调查开始之前，研究者首先根据已掌握的理论和经验知识来确定研究目标，即对自己的研究任务与想要获得的研究成果有一个清楚的认识。目标应当尽可能精确、清楚。只有在此基础上，才能更有效地提出研究假设，设计相应的研究问题。

2. 确定数据的收集方法。获取问卷数据可以有多种方法，主要有调查员访问、电话调查、邮寄调查与电脑辅助调查。每一种方法对问卷设计都有影响。事实上，在街上进行拦截访问比入户访问有更多的限制，街上拦截访问有着时间上的限制；电脑辅助调查和邮寄调查则要求问卷设计得非常清楚，而且相对较短，因为访问人员不在场，没有澄清问题的机会；电话调查经常需要丰富的词汇来描述一种概念以肯定应答者理解了正在讨论的问题。对比而言，在个人访问中调查员可以给应答者出示图片以解释或说明概念。因此，如果问卷内容较多，逻辑关系较为复杂的情况下，一般采取调查员访问的数据收集方法。

3. 编制抽样框。简单地讲，抽样框就是所有抽样单位的名单列表。抽样框是抽样的基础，必须把所有抽样单位全部编制进去，不能有任何遗漏或重叠。如果抽样框是分阶段、分层次进行的，那么每一阶段、每一层次都应该编制相应的抽样框。需注意的是，有时抽样框并不完全或会发生变动。

4. 抽取调查样本。样本一般是用抽样方法从抽样框中选择而来，常常是抽样框中很小的一部分群体。样本的全部成员就是被调查的对象。

5. 问卷设计和预调查。问卷设计是以调查目的为要求，研究调查内容

① 曾毅等主编：《健康长寿影响因素分析》，北京大学出版社 2004 年版。

② 本小节内容由张妍撰写。

和所需收集的资料，酝酿问卷的整体构思，将所需要的资料一一列出，分析哪些是主要资料，哪些是次要资料，再分析哪些资料需要通过问卷取得，并确定调查地点和时间。

问卷初步设计完成后，很重要的一个步骤是进行预调查。因为无论怎样周密的初期设计，都可能存在错误，而这种错误依靠自我纠正是很难发现的。预调查提供了一种第二方的反馈，有助于设计者发现问卷中存在的问题，并能为封闭式问题寻找额外的选项，且有足够的时间在正式调查前纠正。预调查过程中需要注意调查对象须与实际调查的对象同质，并以最终访问的相同形式进行，这样才有可能提供与实际调查相似度较高的情境，具备一定的仿真性。在第一次预调查完成后，问卷中任何需要改变的地方应当切实修改。并在进行实地调研前，应再一次获得各方的认同，如果预调查导致问卷产生较大的改动，应再次进行预调查。有些调查问卷经过反复修改，就需要多次预调查。

6. 样本的选择和替换。几乎在所有的调查中，事先选定的样本都不可能全部被访到。那些接受调查并完成大部分问卷内容的可被称为“回答者”，反之，那些未接受调查或接受调查但只完成少部分问卷内容的可被称为“未回答者”。对于未回答者，在一些调查中需要找到类似的样本进行替换，以确保调查样本的代表性和完整性。

7. 数据编辑和重新编码。所谓数据编辑就是指审核员对问卷内容进行审查，并对审查中发现的问题进行适当处理。审查的内容主要包括以下几方面：

（1）调查对象的选择是否符合原设计要求；

（2）调查指标的理解和操作定义的操作是否出现误差；

（3）是否有漏答的题目或不清晰的答案；

（4）填写的数据是否真实、准确；

（5）对问卷中设计的检验性问题的回答是否经得起检验；

（6）如果是访问问卷，还需审查调查员访问的起止时间、对回答的评价等内容是否填写得完整和符合要求。

编码是指对每一份问卷和问卷中的每一个问题、每一个答案编定一个唯一的代码，并以此为依据对问卷进行数据处理。重新编码是指在调查结束后，研究者需要根据答案的具体情况再编定代码，保留有用类别、删除无用类别，例如一些出乎意料，但有相当多人选择的答案或开放型问题的回答。

8. 数据后处理。就是在统计分析之前对清理后的数据做预备性处理。调查中由于未回答和抽样误差等问题的存在，将导致由样本来推断总体会产生偏差。因此，研究者常采用“加权”的办法来改进样本的代表性和降低标准误差，采用“内插”的方法来对某一类别中的缺失值进行处理。这些数据处理方法都是对调查数据的后处理。

9. 结果分析。即对问卷调查结果进行统计分析和理论研究，为调查的最终应用。第四章将介绍数据处理与数据分析的内容。

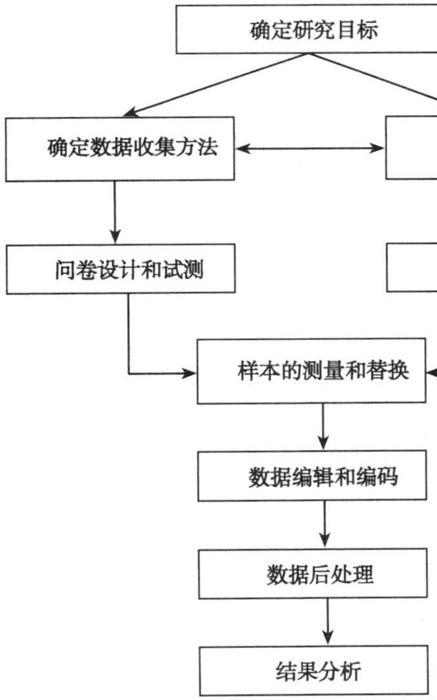

图 3.6 问卷调查流程图

资料来源：Robert M. Groves，Floyd J. Fowler，Jr. and Mick P. Couper etc. 2004. Survey Methodology. A JOHN WILEY & SONS，INC.，PUBLICATION。

例 3.5 问卷调查过程——以“山东省农村养老保障现状与需求调查”为例

步骤 1：研究目标和主要研究内容的确立

本研究的研究目标是：从个人、家庭、社区和社会四个不同层面来了解山东省农村老人的养老现状与养老需求，深入研究山东省农村养老保障面临的主要问题，为政府针对农村养老保障的宏观政策制定和相关措施出

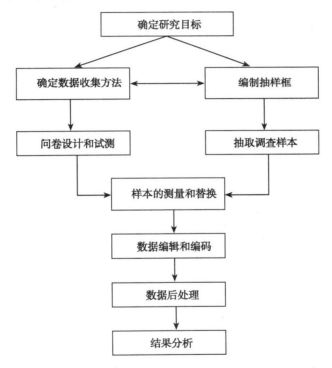

台提供决策参考（参见例3.1）。

根据国际通用的老龄化定义（把65岁及以上的人口称为老年人口），本研究考虑到与老年人口的对比性，把即将步入老年的55—64岁人口也纳入我们的研究对象。因此，本研究将山东省55岁及以上（1953年9月1日以前出生）的农村人口定为目标人群。

研究内容主要包括：（1）深入了解农村养老保障现状与问题；（2）全面反映农村居民对养老保障的需求、意愿和预期；（3）仔细测算农村居民养老保障实际经济能力与缺口；（4）积极探索满足农村居民养老保障基本需求的主要途径和政策措施。

步骤2：确定数据的收集方法

考虑到农村老人的受教育水平较低、行动不便等特征和提高问卷回收率的目的，本研究决定以入户问卷调查为主要的数据收集方法。同时，与群众和基层干部座谈和深入访谈来收集定性资料。

步骤3：抽样

本过程包括选择样本框和确定样本两个部分（更详细的抽样过程见例3.1）。

本研究采用多阶段分层概率比例抽样方法，抽取了四个地级市中18个县的67个自然村。每个村的样本量为16户。入村后，调查样本的选择要求为：8位65岁以上的老人和8位55—64岁的老人；8位男性，8位女性；至少有两位卧床不起的老人。

在被选中的家庭户中，可能有多位老人符合调查对象的基本要求。那么，在这个家庭户中选择哪位老人作为被调查者呢？为解决这一问题，我们在调查问卷的第一页给出了入户抽样表，其具体的操作步骤如下：

首先，询问“目前您家中一共住着几位55周岁以上的老人?”我指的是：在您家里长期居住（一个月以上）的老人，包括亲戚在内。请分别告诉我他们的姓名和周岁年龄?

其次，根据答话人的介绍，将目前居住在家中的所有55周岁以上的老年人的情况，按年龄从大到小填写在下面的《入户抽样表》中。

最后，按照《入户抽样表》选出被访者。选样表的第一行有0—9共10个数字，在调查前，已由督导在这10个数字中随机圈选了一个。这个数字所在的那一列，和家庭老年成员排序的最后一位所在的那一行的交汇处的数字，就是被选中的家庭成员的序号（在《入户抽样表》“序号”一栏以显示被选中的被访者）。

例如：下表中随机圈选到了第 5 列，由于家庭成员排序的最后一人的序号是“2”，那么第 2 行与“5”列的交汇处的数字就是选中的家庭成员的序号，即“1”号成员，也就是我们要选的被访者。

入户抽样表【55 周岁及以上老人（1953 年 7 月 1 日以前出生），按年龄从大到小排序】

序号	问序卷编号尾数		1	2	3	4	5	6	7	8	9	0
	姓　名	年龄										
1	张某	65	1	1	1	1	1	1	1	1	1	1
2	李某	63	2	1	2	1	1	2	1	2	2	1
3			1	3	2	2	3	1	3	1	1	2
4			2	2	4	1	3	4	1	3	3	2
5			2	5	3	2	4	4	1	1	5	3

步骤 4：问卷设计、预调查及撰写调查手册

问卷设计

对研究者来说，问卷设计是一项重要的实践技巧。问卷设计与前期的工作密切相关，任何问卷设计之前，有两项工作至关重要：一是对与调查课题有关的理论、方法、政策、法规和相关调查问卷及结果的研究；二是对被调查对象的基本特征和调查地点的社会、文化等背景信息的前期调研。这两项工作将为问卷设计中概念的界定、变项与指标的定义提供理论基础，并能与其他相关调查作比较研究。本研究参考了 1995 年中国现代家庭与养老调查、全国老年人口健康状况调查（2000 年、2002 年）、中国家庭动态调查、2000 年全国城乡老年人口调查、中国老年人健康影响因素调查以及 2000 年人口普查中的相关问题，在对已有研究结果深入分析的基础上，结合前期实地调研情况，设计了 3 类问卷，即：个人问卷、村委会问卷和养老机构问卷，目的是从不同层面来调查农村养老保障现状与需求。

（1）个人问卷

个人问卷是从个人和家庭的角度出发进行测量，内容分为九个模块：

1）个人基本情况。了解被调查者的出生日期、政治面貌和职务等特征。

2）家庭住房状况。了解老人目前的居住状况、居住环境是否方便等信息，以反映其潜在的养老需求。

3）健康状况。该部分主要了解被访者的身体状况、看病或住院情况、患病时的花费和照料、卧床时间等，目的是了解老人的生活照料需求。

4）日常生活与活动。该部分对被访者的信息获取渠道、日常活动安排、心理状态、宗教信仰和生活满意度进行了测量。

5）家庭和个人经济状况。通过对老年人家庭经济收支情况和个人收入的测量，来衡量养老的经济保障状况。

6）家庭成员基本信息。家庭结构、家庭规模和家庭成员特征都将对老人的养老现状与需求产生极大的影响，因此，本部分对所有家庭成员（包括配偶、子女、父母）的年龄、性别、受教育水平、婚姻、职业、居住模式、子女数量、健康、经济收入和社会保障状况等诸多信息进行测量。

7）代际关系与家庭经济决策。该部分主要了解被访者和其子女之间的经济与劳动交换，以及被访者的家庭经济决策能力。

8）家庭重大事件。依据家庭生命周期理论，对家庭从建立到解体可能发生的重大事件（如：盖房、结婚、生病）的时间和花费等进行测量，目的是反映一个家庭经济收入的分配情况；同时，了解被访者已故配偶/父母/配偶父母的去世时间、年龄、地点、原因、卧床时间、主要照料者以及医疗和丧葬花费，以此来推算农村老人病逝前的平均卧床时间和花费以及获得的家庭支持程度。

9）养老状况与养老需求。该模块是本问卷的核心部分。更为细化地从日常生活、居住模式、经济水平和生产经营等方面来衡量被调查者的养老意愿、养老的物质和精神需求、养老预期等。同时，对现有养老政策的知晓程度、享受水平和主观评价等内容进行了测量，以了解现行政策的贯彻实施情况和影响效果。

入户访谈调查的好处之一就是调查员可以观察被调查者的反应、居住条件、财产、语言沟通能力等，并记录调查现场的情况（如：是否有其他人在场、问卷是否由他人代答等）。因此，在问卷的最后，还设计了相关问题来测量上述内容，由调查员根据观察判断来填写，以反映调查过程的干扰因素和检验问卷中相应问题的可靠性。

（2）村委会问卷

村委会问卷反映的是社区层面的信息，内容分为四个方面：

1）行政区划和基础设施情况。该部分主要了解被访村的土地面积、生活用水情况、银行、集市、农贸市场、公益性休闲/锻炼设施、垃圾处理、村办企业以及民俗文化等信息。

2）村委会基本情况。了解村委会成员的构成、办公设备、办公地点等情况。

3）人口和经济状况。主要了解被访村常住人口、户籍人口、外来人口、外出人口的分性别人数；常住人口的年龄结构和家庭户；农业劳动力人数；村民的人均收入和主要经济来源以及村的财政收支状况。

4）村民养老的基本情况。该部分主要调查被访村 60 岁以上老人的居住模式、现有子女信息、健康状况、参加和享受社会养老保险、新型农村合作医疗保险和农村医疗救助的情况；被访村的低保户和五保户情况以及提供的为老社会服务情况等。

（3）养老机构问卷

养老机构问卷主要调查农村社会化养老的基本情况，内容分为五个方面：

1）养老机构的基本情况。该部分了解养老机构的性质、规模、房屋结构、床位数、收费标准和赡养老年人数等信息。

2）工作人员的情况。主要了解工作人员的数量、受教育水平、专业技术水平和工作稳定性等情况。

3）基础设施和财政状况。了解养老机构的生活设施、医疗保健设施、休闲娱乐设施和经费收支等情况。

4）入住老人的情况。了解入住老人的年龄、性别、婚姻、现有子女数和健康状况等信息。

5）未来发展。了解养老机构目前发展所面临的主要困难和所期望的解决方案。

在问卷的最后，同样设计了几道由调查员依据观察判断填写的问题，来了解养老机构的卫生状况、老人和工作人员的精神面貌、老人之间的关系以及老人与工作人员之间的关系等。

问卷的预调查

预调查作为问卷设计的重要辅助方法是不可或缺的。问卷初步设计完成后，研究组先后选择了济南和烟台的四个村，采取入户调查的方式在每个村对 10 位老人开展了预调查工作。通过预调查，一方面发现了问卷中存在的问题，另一方面也了解目前农村养老的基本情况。预调查后，对于问卷中存在的调查内容过多、语言过于书面化、部分答案选项不合理和逻辑跳转等问题均进行了修正。问卷正式印刷之前，又召开了专家咨询会，对问卷的细节问题作了最后的改进。

撰写调查手册

问卷定稿后，调查手册的撰写具有重要价值。调查手册就如同一本参考书，对问卷中容易产生歧义、易混淆或难理解的问题和选项给出一个标准定义或解释，有助于调查员对问卷的理解和在访谈中加以参考。调查手册应用在调查培训和调查实施阶段，将对调查结果产生直接的影响。通常情况下，调查手册由以下三部分组成：

1）调查项目概述。主要包括调查目的与意义、调查的组织领导与分工、调查对象、抽样方法及样本量、调查内容、资料的汇总以及时间安排等信息。

2）调查员工作流程。详细介绍调查员在现场调查时的工作环节，以及在每个环节的工作要点和注意事项。

3）问卷说明。包括问卷结构、问卷填写要求和问卷内容详解三部分内容。其中，问卷内容详解是最关键的核心部分，需要澄清问卷中所有可能产生困难或混淆的情况，为所有关注本调查的人提供详细的指导。

此外，调查问卷和一些需要特别注明的表（如：职业/行业分类代码表）一般作为附录放在手册的最后，以方便使用。

步骤5：开展调查员培训工作

一项大型调查的实施，研究组成员不可能独立完成调查任务，经常需要临时雇用很多调查员来协助现场调查。由于调查员对访谈的规则和问卷内容并不熟悉，因此，培训调查员成为问卷调查中的一个重要环节，直接决定着资料收集的可信度。在本次调查中，研究人员召集了4个地级市67个村的人口计生干部或乡信息统计员担任调查员和督导员，共计97人。于2008年9月22—23日在济南市进行了一次集中培训。培训过程大致如下：

1）介绍本项研究工作的目的和意义，让调查员了解访问结果的用途和其重要性，调动他们从事该项调查工作的积极性和主动性。

2）调查方法的训练。主要讲解调查员的工作守则和工作流程以及访谈技巧等，帮助调查员掌握灵活处理各种特殊情况或意外事件的具体方法。

3）讨论问卷内容。采用全体人员逐题讨论的方法，由培训者大声念出每一个问题，解释每个题目的目的，然后回答调查员的提问，并考虑他们的意见和补充。

4）让调查员互相模拟做一两次演练，练习结束后，总结出现的问题和疑惑，并作进一步的讲解，以便熟练掌握访问技巧和深刻理解每一个问题及背后的含义。由于选配的调查员都有过社会调查的经历，且对农村养老的情况有所了解，因此，培训内容略去了现场实习性调查的步骤。

在培训过程中，我们始终结合调查手册开展培训，以便让调查员完全理解这份手册的内容和意义。

步骤6：调查的实施和样本的替换

本次调查由中国社会科学院人口与劳动经济研究所与山东省人口信息中心合作共同完成。现场调查工作于2008年9月至10月展开。调查过程的监督和指导是保证调查质量的重要手段。督导的主要工作是到调查现场观察调查过程的规范性，解决临时出现的问题和抽查已完成的问卷。

调查中，有的被访者未能完成全部问卷，对于这样的问卷我们并没有剔除，而是要求调查员记录未完成的原因。同时，寻找下一位符合要求的被访者。每个被抽中的村，都要求完成至少16份问卷。如果在本村内无法找到符合要求的16个样本，可以在邻近的村中用类似的样本替代。

步骤7：问卷审核和重新编码

在问卷全部回收后，第一步工作就是对问卷的审核。本次调查中，样本量不是很大，只有1000多份，因此，我们对每一份问卷都进行了审核。凡在问卷已有答案中能够解决的问题都及时做了更正，而在问卷已有答案中无法解决的问题，力争通过补充调查弥补问卷填写的缺陷，对于既无法进行补充调查又无法采取其他措施弥补的不合格问卷则视为无效问卷。最终有效问卷为1053份。

在审核问卷的过程中，同时进行重新编码的工作。重新编码工作主要是针对开放式回答进行的。首先，在问卷总数中任意选择10%左右的问卷，把答案分类罗列出来并编码，形成预分类和预编码。然后，按照对另外90%左右问卷中的答案按照预分类和预编码进行“对号入座”，如果在这些答案中发现了预分类中没有的新回答类别，则增加一个新类别和新编码，直至把开放式回答的全部答案都包括进去为止。最后，根据研究需要，对预分类清单中的类别进行选择和归并，对选择归并后的回答类别进行正式编码，完成重新编码的工作。

步骤8：数据的录入和清理

数据的录入采取了双录入方法，然后互相校对、互相纠错，以消除录入的差错。

每个问卷调查的数据清理工作大同小异，具体的数据清理方法详见后面第四章的内容。

步骤9：数据的后处理

由于本次调查中，家庭户是采取非随机抽样的方法抽取的，其代表性可能有偏。而与本次调查同时进行的另一个调查项目，则对67个村所有老年人口的年龄、性别、受教育水平等基本信息进行了登记。基于此，我们对1053个样本数据按67个村所有老人的年龄分布做了加权处理。

步骤10：结果分析

结果分析主要是应用统计软件对数据进行各种分析，包括单变量、双变量、多变量统计分析以及制作统计图、统计表格等一系列工作，为验证研究假设和撰写研究报告服务。

这个案例只简单介绍了一个问卷调查的具体操作过程，但该课题研究从设计到实施也有其不足之处，仅供大家借鉴参考。需要指出的是，在问卷调查的实际操作过程中，很多细节问题会因时因地而异，研究者必须具有丰富的理论知识和实践经验来应对处理。

（本案例由张妍撰写）

本章小结

- 收集数据是定量的实证研究的关键组成部分，需根据研究需求和研究条件选取数据收集策略。
- 抽样设计应明确定义总体和样本、抽样单位、抽样框。
- 抽样方法可分为概率抽样和非概率抽样两类。抽样框是实施概率抽样的必备条件。在社会科学研究中，由于条件限制亦常使用非概率抽样。
- 样本量的确定取决于研究对象的总体结构、研究所需精度、分析方法、抽样方法及调查资源。
- 问卷调查的基本流程包括确定研究目标、确定数据收集方法、获取或编制抽样框、抽样、问卷设计和预调查、调查实施、数据编辑和编码、数据处理和结果分析。

思考题

一、名词解释

抽样　抽样单位　抽样框　概率抽样　非概率抽样　问卷调查

二、论述题

1. 以您所了解的社会研究定量调查为案例，了解调查的抽样方法和样本量，并分析研究者使用这种设计的依据，对该设计作出评价。

2. 如果需要您为自己的研究收集定量数据，您会考虑哪些方面的因素？

3. 请举例说明抽样框和抽样单位。请结合第二章的内容讨论抽样框、抽样单位和分析单位的关系。

4. 结合第一章有关研究伦理原则的内容，您认为在定量数据收集中会遇到伦理问题吗？请举例说明。

参考文献

1. Robert M. Groves, Floyd J. Fowler, Jr. and Mick P. Couper etc. 2004. Survey Methodology. A JOHN WILEY & SONS, INC., PUBLICATION.

2. Leslie Kish. Survey Sampling. Wiley, 1965.

3. E. 巴比：《社会研究方法》（第 11 版），邱泽奇译，华夏出版社 2009 年版。

4. 边燕杰、李路路、蔡禾：《社会调查方法与技术：中国实践》，社会科学文献出版社 2006 年版。

5. 风笑天：《社会学研究方法》，中国人民大学出版社 2001 年版。

6. L. 纽曼：《社会研究方法：定性和定量的取向》（第 5 版），郝大海译，中国人民大学出版社 2007 年版。

7. 袁方主编：《社会研究方法教程》，北京大学出版社 1997 年版。

第四章　定量研究方法：数据处理与分析

内容提要

1　数据处理与评估
　问卷调查的数据录入和处理
　数据质量评估
　使用二手数据前的质量评估
2　数据描述
　集中趋势的描述
　离散趋势的描述
　数据的图表展示
3　数据分析
　定类和定序变量：交叉表与相关
　定距变量：相关与回归
　多变量统计分析
4　应用统计分析方法需要注意的问题

第一节　数据处理与评估

一　问卷调查的数据录入和处理

定量研究取决于所收集数据的质量，首先要在调查现场控制问卷调查的质量，其次减少数据录入过程中的错误对数据质量至关重要。在通过现场调查回收了调查问卷之后，需要通过对问卷的审核和对调查问卷做初步数据清理、录入、数据清理和检验、数据评估等步骤之后，才能够付诸使用。数据清理工作在收回问卷时已经开始，如第三章例 3.5 的步骤 7 所述，即问卷审核和后编码，主要是由人工处理明显的漏项、误填和问卷设计时未考虑到的答案类别。

回收的调查问卷经过审核和初步清理，就可进入录入步骤。录入阶段可能产生的错误一般都是人工录入过程中的随机错误，可有两种方法减少录入错误，一是编制录入程序控制数据取值范围和应答的逻辑性，二是两次录入及核对（一般极少有两次录入过程产生相同错误的情况）。例 4.1 介绍了应用数据录入软件进行双录入校对的过程。

在获得已经录入的数据之后，还需要应用统计软件进一步对数据进行清理。数据清理内容包括所有变量取值的有效范围、对缺失值的处理、逻辑检验、一致性检验等，例如应用描述性统计发现异常值，如例 4.1 的第二部分所介绍的内容。对于可疑或不合理的数据，有条件的可再向调查对象进行核实。

数据清理时对客观变量取值以及变量之间的逻辑关系往往能够作出判断，而主观变量（如态度、观点等）之间的逻辑关系则难以确定，因而不容易判断。有研究者提出用计算量表各个项目方差的方法，如果方差过小甚至等于零，可以认为被访者的回答存在偏差，如极不认真地对所有项目都选择了相同答案的情况[①]。另一种方法是将主观回答与客观事实相比较，如将被调查者对自己健康的主观评价与其是否患病或调查员观察的印象比较，如果两者有高度相关性，则可以基本信任主观变量的数据质量。

为了更有效和充分地利用调查数据，在数据录入、清理后，一般要产生一个数据说明文件，不仅可供调查者日后使用，也可提供给更多未参与调查的研究者使用。数据说明文件的内容至少应包括以下 4 个方面内容，以方便数据使用者在分析数据时参考。

（1）描述所研究的群体、抽样框架、问卷内容、编码或选项所用的术语定义；最好将问卷附上；

（2）介绍调查员培训方案、调查对象选择方式和过程、数据收集过程；

（3）介绍调查具体运作内容，如整个调查过程耗时、平均每份问卷耗时、每个调查员平均完成问卷份数，并对调查效果进行评价，介绍调查过程中出现的问题，如某个问题缺失较多的可能原因；

（4）描述数据库的结构、数据格式、变量定义，尤其应明确定义后编码的内容。

---

① 对主观变量的数据清理方法，详见边燕杰等《社会调查方法与技术：中国实践》，社会科学文献出版社 2006 年版，第 245—253 页。

例 4.1：应用案例—问卷调查的数据清理

江苏生育意愿和生育行为调查由江苏省人口和计划生育委员会和中国社会科学院人口与劳动经济研究所共同实施，调查工作于 2007 年在苏南、苏中、苏北的六个县/市开展，调查的目的在于了解符合不同生育政策群众的生育观念、生育意愿、生育计划和生育行为，以及社会、经济、家庭与政策等因素对生育的影响（该研究设计可参见例 6.2）。

个人调查问卷由 5 个部分 72 个大问题组成，主要内容有：（1）个人和家庭的基本情况；（2）丈夫及其家人的基本情况；（3）生育史和避孕现状；（4）生育意愿、有关生育的观念、生育计划及再要孩子时主要考虑的因素；（5）父母公婆和丈夫对生育决策的影响。

调查数据的清理工作主要分为两步，首先用 EpiData3.0 录入软件进行双录入校对，目的在于减少录入误差。在数据录入校对工作完成后，将录入数据转换成 SPSS 数据文件，进行第二步的清理工作。本例将分别介绍这两个过程。

1. 用 EpiData 进行双录入校对

EpiData 是一个免费的数据录入和数据管理软件。开发者是丹麦欧登塞（Odense，Denmark）的一个非盈利组织，The EpiData Association（http：//www.epidata.dk/）。程序设计者为 Jens M. Lauritsen，Michael Bruus 和 Mark Myatt。

与其前身 Epi Info 6 相比，EpiData 除了可以更好地兼容 WINDOWS 操作系统外，还具有双录入校对和简单的逻辑检验功能。调查的数据双录入校对工作由 EpiData3.0 完成。

利用 EpiData 进行双录入校对的方法为：选择【有关文件（document)】下拉菜单中的【对两个相同数据文件进行有效性检查】，将待检查的两个文件分别列入后，将 ID 字段作为关键字段进行比对，EpiData 将自动生成一个报告文件。选择 ID 作为关键字段进行比对的目的在于避免两份录入文件在录入顺序上的不同而产生错误的比对结果。需要指出的是，这一比对要建立在关键字段没有重复录入的基础上。如果某一份录入文件中出现了重复的 ID 号，那么比对将无法完成。在比对报告中，研究者首先需要关注有效检查结果（见图 4.1），如果结果显示某一数据文件中存在缺失记录，则说明文件的 ID 号可能录入错误，需要重新检查录入文件。

```
--------------------------------------------------------------------
有效检查结果：
--------------------------------------------------------------------
在数据文件1中缺失记录                  0
在数据文件 2 中缺失记录                0

发现的共同记录数：        349
对每条记录中已检查的字段数：        375
已检查的字段总数：        130875

148在349条记录有错（42.41   pct.）
300在130875字段有错（0.23   pct.）
```

图 4.1　有效性检查结果报告

如果有效检查结果表明两个数据文件中都没有缺失记录，那么用户可以按照 EpiData 给出的详细比对结果检查录入文件（见图 4.2），以纠正录入错误。这里要特别强调的是，尽量不要在原始的录入文件上修改，而是新生成一个文件修改，这样可以避免修改时的错误操作所带来的损失，同时也利于将来的核查。

```
--------------------------------------------------------------------
数据文件1                              | 数据文件 2
--------------------------------------------------------------------
记录键字段：（Rec.#1）                 | 记录#1
id          =1                         |
                                       |
  p403a2=2                             |  p403a2=1
  p403a3=1                             |  p403a3=2
--------------------------------------------------------------------
记录键字段：（Rec.# 2 ）               | 记录# 2
id          =2                         |
                                       |
  p504=4                               |  p504=5
--------------------------------------------------------------------
记录键字段：（Rec.#5）                 | 记录# 5
id          =5                         |
                                       |
  p305=2                               |  p305=1
  p401=3                               |  p401=2
  p401b=2                              |  p401b=3
--------------------------------------------------------------------
```

图 4.2　EpiData 给出的详细比对结果

2. 利用 SPSS 软件对数据进行进一步处理

在利用 EpiData 进行双录入校对以后，即可将数据转为 SPSS 数据文件，进行下一步的数据清理工作。数据清理主要分为以下几个步骤：

（1）对变量进行标示。通常来说，数据文件的变量名为问卷中变量的编号，如 p101、p102 等。变量标示的作用在于使数据分析人员在分析时不用随时查看问卷，通过标示就可辨认变量内容。对于分类变量来说，除了对变量进行标示外，还需要对变量的值进行说明，例如在户口类型这个变量中，就需要对每一个变量值进行说明。具体的操作方法为，在 SPSS 文件中的【variable view】的【label】中输入变量标示，在【values】中输入变量值说明。

（2）进行缺失值的检查以及关键变量的逻辑检查。缺失值的检查相对比较简单，利用 SPSS 中的 Descriptive 命令或简单排序即可发现缺失值，而逻辑检查则通常需要在 SPSS 中编程进行查找。在本案例中，我们进行的逻辑检查主要有：兄弟姐妹数量与兄弟姐妹详细信息的比对、结婚年龄和夫妇婚龄差异常值的检查、孕产次数与孕产详细信息的比对、活产子女与现存子女的比对以及对跳转变量的检查。具体的操作方法为利用 SPSS 中的【Data】菜单中的【Select cases】选择逻辑不一致的样本，将这些样本的 ID 号报告出来，然后再翻查问卷找出可能的原因。由于本课题条件允许，对于逻辑检查没有通过、且没有发现录入错误的样本，我们都委托调查项目点对样本进行回访，解决了大部分问题。

（3）增加新的变量对一些特殊情况进行说明。在对育龄妇女的生育行为的分析中，孕产信息和现有子女信息是特别需要关注的变量。但是在问卷的逻辑检查中，我们发现如下几种情况可能导致活产子女与现有子女无法匹配：活产子女的夭折、离婚后子女判给丈夫的情况，都可能导致活产的子女没有出现在现有子女的信息中；而收养的子女或者再婚带来的子女则没有相应的孕产信息。对于这类特殊情况，我们在每条孕产信息和现有子女信息中都分别增加了一个新的变量加以说明。

（4）计算一些常用的变量。数据分析中的许多变量并不是问卷中直接给出的，而是通过计算得到的，例如年龄变量通常由出生年月计算得到，而是否为独生子女的信息则往往根据兄弟姐妹的数量进行分类。为了减少数据分析人员的工作量，同时也为了不同用户使用该数据时保持常用变量的一致性，在数据清理工作完成时，一般会计算出一些常用的新变量并给出标示。在本案例中，我们计算了育龄妇女的年龄，并将其细分为 6 个 5

岁年龄组。同时给出了育龄妇女现有的儿子数量、女儿数量以及根据夫妇双方是否为独生子女判断的夫妻类型（单独夫妇、双独夫妇等，这个变量是判断符合不同生育政策的关键依据）。

（5）撰写数据清理报告和使用说明。数据清理报告和使用说明十分重要，由于数据分析人员通常不会接触原始数据，因此数据清理人员有义务将数据清理过程中发生的所有主要问题以及处理过程提供给数据分析者。对原始数据的所有改动都应该完整地记录下来以备查验。同时，对数据中一些可能会误导数据使用者的部分或者数据不够可靠的部分，数据清理人员都应记录、说明，并提醒用户在分析时注意。

（本案例由李玉柱撰写。资料来源：李玉柱："江苏调查数据清理报告"，2009 年）

二　数据质量评估

在完成对调查数据的清理后，需要对调查数据的质量进行评估，以便日后使用或其他研究者使用时，对数据有足够的了解。数据评估可分为两个方面，即（1）样本的代表性；（2）主要变量的有效性与可靠性。

对样本代表性的评价

尽管在抽样设计时，都力求对研究总体有代表性，但是在调查实施中，由于现实条件限制或临时发生变动，往往有可能与设计方案有所不同。例如，有些人虽然被包括在抽样框中，但调查时不在现场，因而无法对抽中的人实施问卷调查，这是在人员频繁流动的地区的一个常见问题。由于流动性高的人群往往是一个选择性的群体，具有某种共同特征，他们的缺失会给样本带来系统性偏差，可能调查获得的样本会年龄偏大，受教育程度偏低，健康状况偏差。在社会科学调查中，需要特别注意这个问题。

大多数调查都会在获得调查数据后对样本进行检验，评价样本的代表性。检验方法一般是选择主要人口变量，例如年龄和性别，与其他可靠、有权威性的数据来源的结果相比较，检验与该数据所描述的总体是否有显著差别。如例 4.2 对中国居民营养和健康状况调查样本的代表性评价。第三章例 3.1 的最后一部分也是对样本代表性的检验，研究者对调查样本的年龄进行了检验，将调查结果与家庭户登记表、人口普查和人口抽样调查的结果进行了比对，证明从年龄结构来看，调查抽样对山东农村人口具有代表性。

例 4.2　对样本代表性的评价

2002 年中国居民营养和健康状况调查应用多阶段分层整群随机抽样方法，在全国调查了 71971 户中的 243479 人。在评价样本对全国的代表性时，应用了三种方法：

（1）将抽样样本与当年全国人口的基本人口指标（来自国家统计年鉴）比较，包括性别比例、负担系数、家庭规模、少数民族比例；

（2）以 2000 年第五次人口普查结果为总体，将抽样样本与总体人口年龄分布相比较；

（3）应用玛叶指数①判断调查样本是否存在严重的年龄偏好。

对样本代表性的检验结果发现，抽样样本与全国人口在基本人口指标方面没有显著性差异，调查样本亦无年龄偏好。不过，样本中参加体检的 192500 名调查对象在 45 岁以上年龄组人口比例过高，而 15—25 岁各年龄组人口比例偏低，与总体人口年龄结构有显著性差异。研究者认为，这种现象主要是因为青壮年人群因外出工作、上学、务工等因素没有参加调查所致。

（资料来源：王陇德主编：《中国居民营养与健康状况调查报告之一：2002 综合报告》，人民卫生出版社 2005 年版，第 9—13 页。）

对主要变量的评价

效度和信度是评价变量的主要内容。对一套测量量表效度的评价，往往可以通过相关性检验、因子分析或聚类分析等方法对一组变量的建构效度进行分析，即如果该量表有效，则测量相同现象的问题之间有较高相关度（即趋同效度），而理论上无关的问题之间有较低的相关度（即鉴别效度）。对变量信度的评价，可以用统计方法检验内部一致性，也可以用二次调查的方法进行两次调查结果的比对检验。此外还有其他评价方法，可以根据研究需要选择。例 4.3 是对一项全国性调查结果进行的全面系统的评价，读者从中可以了解评价变量效度和信度的主要方法。

例 4.3　调查数据质量评估

“中国老年人口健康影响因素跟踪调查”（原名为“中国老年健康长

① 玛叶指数为测量年龄偏好等因素造成的样本人口年龄堆积程度的指数。具有相似功能的还有韦伯指数。具体计算可参见曾毅等《人口分析方法与应用》，北京大学出版社 2011 年版，第 279—284 页。

寿跟踪调查”）在2004年对该项目1998、2000年和2002年三次调查数据进行了系统的评估，重点为高龄老人年龄申报的正确性和有效性，主要健康变量的可信度和效度，代答、不应答和失访状况的分析。

（1）年龄申报的准确性

年龄申报是老年研究中的一个关键项目，随着年龄的增加，老年人的各种生理指标都会有变化，年龄的准确性对这个调查来说至关重要，例如年龄高报会导致对高年龄段死亡率的低估，在人数较少的百岁以上老人中这个问题更为重要。课题组首先在问卷设计和调查过程中尽可能保证年龄申报的准确性，其次是在数据清理后对年龄申报的质量进行评估。

在调查过程中，课题组采用了多种方法确认被访老人的年龄：

- 在数据搜集时使用了用户友善型表格，将被访老人申报的农历出生日期转换成公历日期。调查员对于老人年龄询问的是出生年月（而不是直接问年龄），调查结束后再通过计算其与调查日期之差得出被访老人的年龄，以避免由于计算虚岁的传统而引起混淆。
- 课题组还利用了与出生日期有关的其他信息，如家谱记录、身份证、户口登记手册等，来确认被访老人的年龄。
- 调查员与监督人员通过询问被访老人的父母的年龄、兄弟姐妹的年龄、子女/孙子女的年龄以及被访老人结婚生育时的年龄等信息，进行进一步确认。
- 课题组在调查问卷中设计了一个附加问题，请每一位调查员对被访者的年龄有效性进行判断。
- 若被访者报告其年龄超过105岁，调查员就会到当地居委会或老龄委进行咨询予以佐证（一般社区对百岁以上老人都有备案记录）。
- 此外，如果问卷中发现有任何年龄不准确或者其他逻辑问题，将针对这一特定问题进行再次入户访问或电话调查。

课题组应用了多种方法评估年龄申报的质量，包括：

- 查阅已有的研究成果作为评价的参考依据。尽管该调查为中国首次研究重点为高龄老人的调查，还是可以与中国人口普查年龄的数据进行比对。寇尔和李少民（1991）曾经深入分析了中国人口普查数据，并与其他一些国家的老龄人口数据质量对比研究，发现中国汉族人口中高龄老人的年龄申报质量大体与西方发达国家相当。因此，对于调查样本中的汉族老年人，可以用中国人口普查数据作为参照进行比对。
- 应用玛叶指数和韦伯指数测量少数民族老人的年龄申报质量，检验是否存在年龄报告的偏好。

- 一些发达国家的人口动态记录有相当长的历史，统计系统比较完善，被公认为人口数据质量好；且不同人口中较高年龄的老人在死亡年龄模式方面差异较小，所以年龄结构应当极其相似。因此，将调查样本的老年人年龄结构与人口数据质量好的发达国家（如瑞典）相比对，如果年龄结构相似，可以认为调查样本的年龄质量较好。

- 以某个质量好的年龄死亡率作为参照，如果分年龄死亡率与参照人口的相似，则可以说明调查样本年龄申报正确且有效。

课题组将调查样本与瑞典、日本、英格兰和威尔士、澳大利亚、加拿大、中国、美国和智利的百岁老人的年龄分布以及老人年龄申报诸多指标进行对比，证明本调查中的老年人的年龄申报质量与瑞典、日本、英格兰和威尔士相比较差，与澳大利亚和加拿大的调查质量相似，比美国的类似调查质量略好，比智利的好得多。课题组的分析研究还发现，年龄申报误差随年龄增高而增大，105 岁以下的汉族高龄老人的年龄申报质量与发达国家大致相当，而 106 岁及以上的老人年龄申报质量相对较差。

对于占总样本约 7% 的少数民族老年人，应用玛叶指数和韦伯指数的分析结果均表明，年龄申报质量属于“很好”。

课题组将该调查中 1998—2000 年和 2000—2002 年相邻两次调查间隔期间的分性别和分年龄死亡率与瑞典高龄老人死亡率的性别年龄模式进行比较，发现该调查的分性别分年龄死亡率模式合理，从另一个侧面说明该调查的年龄申报质量令人满意。此后的进一步研究表明，该调查在 1998—2000 年间所得到的 90 岁之前的死亡率有 10% 左右的低估，其余相邻两次调查间隔期内各年龄上的死亡率没有低估现象。

（2）主要健康变量的信度和效度

主要健康变量包括日常生活自理能力量表、认知能力量表和工具性日常生活自理能力量表等常用于分析老年人健康的测量。由于这些量表都是国际通用的已经较为成熟的测量，还可以与国际上类似调查结果的数据质量进行比较。课题组对这些变量的信度和效度进行了分析。

对信度的评价应用了 Cronbach α 系数。该系数于 1951 年由 Cronbach 提出，用于反映内部一致性程度。以往研究显示，进行组间分析比较时，内部一致性程度至少应大于 0.7，要进行个体间比较时，应大于 0.9。对 1998、2000、2002 年三次调查结果的分析显示，日常生活自理能力和认知能力量表的内部一致性系数均达到了进行组间比较的最低标准，这些结果与国际上许多调查的结果非常接近，说明这些变量的调查质量较好。尤其是认知能力的测量，Cronbach α 系数均在 0.9 以上。2002 年调查中增加了 8 项工具性日常生活自理能力的测量，其内部一致性系数在 0.8 以上。

对效度的评价主要围绕以上三套能力测量的趋同效度和鉴别效度。当量表有效时，组成量表的各个问题之间的相关程度较高，则认为其趋同效度较好；它们和与量表无关的问题间相关性越小，则认为鉴别效度越高。日常生活自理能力测量吃、穿、室内活动、用厕、控制大小便和洗澡六个方面的功能，工具性日常生活能力也是测量日常生活能力，不过难度更大，如独自做饭、独自出行等。因而，如果这两套测量有效，它们之间不仅应该高度相关，而且它们与反映躯体功能的变量之间的相关性应高于与性格变量之间的相关性。通过相关分析发现，所有反映相同维度或类似维度的变量之间的相关系数都大于它们与不同维度变量之间的相关系数，说明这些变量的趋同效度和鉴别效度较高。

检验效度的另一种方法是通过因子分析查看对同类变量的回答是否基本一致。如果效度较高，因子分析结果就会将同类变量归为同一个因子，且这些变量的系数估计值比较接近。对日常生活自理能力、工具性日常生活自理能力和认知能力做因子分析后发现，这些测量变量的效度都比较好。

还有一些问题可能由于调查员的因素或录入错误导致，例如出现内部逻辑不一致的结果。在该调查中，出现了几类内部不一致的问题，如 1998 年调查结果中，有 112 名 80—105 岁老人出现生活完全不能自理却能站着从地上捡起书的结果，还有 50 位老人的调查结果显示，他们生活完全自理但不能从椅子上站起来，显然这些结果是自相矛盾的。不过三次调查中这类错误为极少数，内部逻辑型错误率超过 1% 的问项只有 4 项，而且错误率不高。应该不会对分析研究产生重要影响。此外，跟踪调查发现有个别变量存在时序上的不一致，如 2000 年的调查发现约 10% 的高龄老人牙齿数多于 1998 年，但从生理上说这种现象几乎不可能。因此，在用牙齿数作为研究变量时就需要十分谨慎。

（3）不应答和信息缺失问题及其处理

不应答是反映数据质量的一个重要指标，会直接影响调查估计。

不应答可分为调查不应答（即拒访或不在现场）与问项不应答。由于很难测量调查不应答的误差，应尽量避免这种情况的发生。国外一些调查经验显示，老年人的不应答比例高于年轻人，在高龄老人中尤其低。在

1998、2000、2002年三次调查中，中国老年人口健康影响因素跟踪调查的调查不应答比例较低，仅为4%，许多有残障的高龄老人也同意在代答的帮助下参与调查。而65—79岁低龄老人中有些人不愿花费时间接受调查，不应答比例为5%。类似情况在日本的一项老年人调查中也发现过（可见，在不同的人群中调查不应答的情况会有所不同）。

对问卷中某些问题没有回答会影响调查结果的完整性。对问题没有回答可进一步分为“不知道”和“缺失”。一般来说，当涉及态度、感受和期望等问题时，高龄老人回答“不知道”的比例相对较高（“不知道”其实也是一种结果，而不是真正的缺失）。课题组用不同方法分析了问项不应答的情况：

- 问项不完整的比例。基于每个调查对象应回答的问题数和实际回答的问题数，计算得到分性别年龄以及总样本的问项不完整比例，该比例随年龄上升，在100—105岁组最高，平均为10%，但大大低于国外同类调查。课题组的质量评估报告中，列出了不应答比例大于2%的问项，以供数据使用者参考。其中父母死亡年龄的不完整比例最高，超过30%，因而对这类变量的使用需要格外谨慎。
- 如果缺失是随机现象，不会引起较大偏差；但如果不完全是随机缺失，在分析中忽视它们可能会产生偏差。因此，有必要检验和判断与缺失相关的因素。已有研究显示，问项不应答与年龄、性别、受教育程度、地理环境、城乡居住地等有关。课题组应用多元logistic回归，分析了与问项缺失相关的因素。分析结果发现，问项不应答与民族、婚姻状况、城乡居住地、认知功能、健康自评等有关，年龄较高、女性、城镇居民、少数民族、目前单身、健康状况较差的高龄老人容易有不完整问项。

有研究认为，问项不完整对结果的影响并不取决于回答了问题和没有回答问题两群人之间的差异（即A与B两组人的差异），而是取决于回答了问题和所有应回答该问题两个人群之间的差异（即A与A+C两组人的差异），当不应答比例较低时（即C/（A+C）很小），即使不应答与某些特征有关，也不会对研究结果产生较大影响。

可以用加权方法处理调查不应答；用缺失值替代方法处理问项不应答。下段介绍了该调查样本加权问题。对于问项不应答问题，有学者建议当缺失比例小于2%时，用均值替代；当缺失比例在2%—5%之间时，用最大似然估计替代；当缺失比例大于5%时，用多项回归替代（multiple imputation）。

（4）样本加权问题

由于中国老年人口健康影响因素跟踪调查数据在样本设计时对高龄老人、男性老人、城镇老人进行了超比例抽样，所以，当研究者利用本调研的数据计算变量的均值或分布以反映调查省份老年人口总体状况时，或进行不同组间比较时，需要使用权数①。当且仅当研究者只是对样本状况进行描述且不进行群体间比较时，可以不用权数。在多元回归中，只要研究者将年龄、性别和城乡变量加以控制，可以不用权数。实证研究发现，当样本权数是因变量的函数时，非加权的结果存在一定偏差。所以，必须要用权数。当权数仅是自变量的函数时，对回归中是否使用权数存在不同看法。根据研究经验，当权数不是因变量的函数时，加权结果和非加权结果在多数情况下是相似的。

（资料来源：曾毅等主编：《健康长寿影响因素分析》，北京大学出版社 2004 年版；以及北京大学健康老龄和发展研究中心网站中对调查数据的评估部分。http：//web5. pku. edu. cn/ageing/html/detail _ project _ 1. html.）

三　使用二手数据前的质量评估

多数研究者在研究生涯中，或多或少都会使用不是自己亲自收集的数据，也就是通常所说的“二手数据”。如果使用自己收集的数据，研究者会很清楚数据收集过程中所遇到的问题，以及这些问题可能导致的数据偏差和局限，在分析这些数据时就会谨慎对待，并注意这些问题对分析结果的影响，对分析结果加以解释和讨论时也会考虑到这些影响数据质量的因素。如果要使用二手数据，就需要对数据的收集过程有所了解，例如这套数据是由何人在何时何地收集的，收集方式，收集过程中遇到的问题，等等，然后对拟使用的数据进行质量评价，或仔细阅读数据收集者对数据的评价。通过了解和分析，再决定是否使用这个数据进行自己的研究。

二手数据的检索与获取

使用二手数据进行研究，要有合适并能够获得的数据。研究者在确定研究问题/假设后，就需要寻找相应的数据来源。

数据来源有多种渠道：

---

① 权数设计详见《中国高龄老人健康长寿调查数据集（1998）》，北京大学出版社 2000 年版，第 12—13 页。

（1）直接收集数据的国家部门，如国家统计局和各个部委都直接收集数据；

（2）直接收集数据的研究机构，现在有越来越多的大学和研究机构定期或不定期收集全国性的数据或开展专项调查；

（3）国际机构的数据库，不少联合国机构都从会员国汇集或直接收集本领域的相关数据，如世界卫生组织定期收集各国与健康相关的国家级数据，也在一些国家直接开展健康相关的问卷调查；

（4）研究机构或大学的共享数据库，有些研究机构或大学建有类似数据中心的部门，收集和管理不同的专项数据，并应研究人员要求提供这些数据，如明尼苏达大学人口中心与各国国家统计机构合作，现拥有来自69个国家的211套人口普查微观数据可免费提供①，包括中国1982年和1990年人口普查的1%抽样数据；

（5）为专项研究收集数据的研究团队，这些研究团队可能并没有大规模的数据库或全国性的调查数据，但他们收集并拥有的数据可能适合研究者拟开展的研究，如中国健康与营养调查（CHNS）。通过阅读已有的相似研究成果和各种渠道的信息，有可能找到这类数据来源。

在使用二手数据时，数据来源的权威性十分重要。这就要求数据使用者对数据收集者以及数据收集方法和收集过程都有所了解。一般来说，国家统计局的数据应当是具有全国代表性的、具有权威性的数据。对于研究机构的专项调查来说，数据收集者在公布数据时应当介绍研究设计、数据收集方法以及收集过程中遇到的主要问题，研究者可以据此判断是否可以信赖这套数据。另一种评判方法是，对于已经存在一段时期的研究数据，如果有多项使用该数据发表的研究成果，可以从这些论文中了解该数据的质量，往往质量较好的数据会被更多研究者使用，因此也会有更多研究论文发表。

二手数据的质量评估

对二手数据的质量评估，与对调查数据质量评估内容相似，包括数据的代表性、准确性和完整性、有效性和可靠性等方面，分析二手数据中可能存在的错误和偏差，以及这些错误和偏差将如何影响将要开展的研究。

由于数据不是由研究者本人收集，也不一定是围绕研究者当前确定

① 详见该数据库IPUMS网页：https：//international. ipums. org/international。

的主题而收集的，因此有学者比喻，使用二手数据就像试穿别人的鞋，多数情况下大小松紧不会完全合适。研究者需要重点分析自己研究中的关键概念是否能够用这套二手数据来测量，如果有可能，就应充分利用现有数据建立间接/近似指标，使用二手数据进行自己设想的研究。大多数情况下，都需要调整研究框架或分析策略，去适应现有数据；也有可能在分析了数据质量问题后，应用合适的方法对数据进行调整后再使用。例 4.4 以两个对人口普查数据进行质量评估的研究为例，介绍了二手数据质量评估的实际应用。例 4.4（b）的最终研究目的是中国人口的死亡水平，因此重点评估和调整了生存和死亡数据，而并不是涉及普查所收集的所有数据。

例 4.4　对二手数据质量的评估

（a）对人口普查数据重报的分析

中国在 2000 年进行了第五次全国人口普查。由于当时正经历从计划经济向市场经济体制的转换，社会、经济、文化构成向多元化方向发展，受户籍制度改革和社会结构转型的影响，人口信息的收集遇到前所未有的困难，因而获得高质量数据难度加大。2000 年人口普查的漏报率为 1.81%，而 1990 年人口普查的漏报率仅为 0.7%。在中国的五次人口普查中，数据质量最高的是 1982 年进行的第三次人口普查，1990 年的第四次人口普查质量也较高，可以将这两次普查作为参考依据，分析研究“五普”数据质量。王广州应用 1982 年和 1990 年的人口普查资料，分析了“五普”数据的重报问题。作者从年龄结构分析出发，通过存活分析法、对普查时点进行调整和数据汇总比较三个步骤，根据已有的高质量人口数据，推算 2000 年人口状况，并将推算结果与 2000 年实际普查数据进行比较，进而评价第五次普查的数据质量。作者在介绍具体使用方法后，还对评估方法的有效性进行了分析。

研究结果发现，2000 年人口普查存在比较严重的重报问题：根据 1990 年人口普查数据推算，2000 年人口普查中 10—90 岁人口多报了 2673 万人；如果再考虑 1990 年的漏报率，则“五普”10—90 岁人口至少又多报 1800 万人。作者进一步分析了重报人口的年龄分布，发现重报问题主要发生在 45 岁以下，尤其是在 30—40 岁和 20 岁以下，误差最大的年龄组依次为 38 岁、30 岁、31 岁、32 岁。

这个研究结果提醒我们，在使用 2000 年人口普查数据时，需要了解人口学者对这次人口普查数据质量的评价。例如在分析研究中青年这个年龄段时，应意识到重报问题可能对分析带来的偏差。①

（b）对普查结果中存活人口和死亡人口数据的评估

由西安交通大学研究团队开展的“中国90年代以来死亡水平研究”，应用中国2000年第五次人口普查（以下简称“五普”）数据，分析人口死亡水平和死亡模式、不同分类人口的死亡水平差异和变化以及90年代死亡水平的变化。各种人口死亡指标的计算都需要有数据支持，不过，普查过程中难免会有遗漏和误差，在本研究开展之前，已经有一系列研究“五普”数据质量的论文发表（如前例）。在使用数据之前需要对数据进行评估，并针对数据中存在的质量问题尽可能进行修正和调整，使数据更为接近现实，从而提高各类死亡测量指标的质量。研究团队在报告中用了约四分之一的篇幅详细介绍了数据评估的方法和结果。

研究团队对“五普”分年龄人口数据的质量评估分析主要分三个方面：（1）通过有关年龄分布指数检验年龄报告是否有明显的偏差和堆积问题；（2）通过将2000年普查分年龄人口与1990年普查分年龄人口进行比较，观察人口数据的留存状况；（3）依据国家统计局公布的历年小学入学人口数核查低龄组人口。

对存活人口数据的评估结果发现，2000年年龄人口不存在明显的年龄偏好和年龄堆积问题，不过在低龄组有一定程度的漏报，而重报主要发生在10岁以上的人口中，且更多地集中在青壮年人口，这也是流动人口最集中的年龄段，容易出现统计误差。另一方面，评估结果发现，“五普”高龄组的人口数据是可以信赖的（这一点对估算老年人的死亡率很重要）。研究进一步估计了“五普”存活人口数据的重报和漏报，并以此为依据对人口年龄数据进行修正。

如果说，存活人口在普查登记时有重报或漏报的问题，那么死亡人口的登记主要会有漏报问题，如果漏报较为严重而在分析死亡模式时忽视了漏报因素，则会低估这个人口的死亡水平，也就是高估了健康水平。通过观察根据普查数据估算的平均期望寿命和婴儿死亡率，研究团队发现“五普”存在明显的死亡漏报。对死亡人口数据进行漏报评估的方法被作者简称为“自修正拟合迭代法”，这是留存分析法、自修正迭代法、Brass模型生命表法和拟合迭代等多种方法的综合。研究团队分别估计了全国总体死

① 王广州：《对第五次人口普查数据重报问题的分析》，《中国人口科学》2003年第1期。

亡数据的漏报水平、分市镇县死亡人口的漏报水平、各省/市/自治区的死亡数据漏报水平。研究结论为，五普男女性死亡人口的漏报水平分别为9.70%和11.62%；市镇县的死亡漏报水平是市最高、县最低；而省级的死亡漏报水平则差异较大，最高超过20%，最低不到6%，死亡漏报水平较低的多是经济发达地区，漏报水平较高的多是经济欠发达或较偏远的地区。由此可见，如果不考虑数据偏差而直接进行指标的估算，则有可能高估经济欠发达地区的人口健康水平（一个人口的平均预期寿命是国际上常用于反映人口健康状况的指标）。①

第二节　数据描述

定量数据资料具有不同的类型，即定类数据、定序数据、定距数据和定比数据。对于不同类型的数据需要用不同的描述方法。所以，在描述数据之前应判断数据的类型然后再选取合适的描述性指标。例如描述数据的集中趋势时，使用算术平均值或中位数描述定距和定比数据，用众数描述定类或定序数据。定量数据的基本描述主要包括集中趋势的描述、离散趋势的描述和图表描述法。

一　集中趋势的描述

算术平均值

算术平均值也称均值，在描述定距数据的集中趋势时最为常用。均值的定义为变量数值的总和除以变量个数，即：

$$\bar{x} = \frac{x_1 + x_2 + \cdots + x_n}{n} = \sum \frac{x_i}{n}$$

式中的 $\bar{x}$ 为均值，$x_1, x_2, \cdots, x_n$ 为变量数值，n 为变量个数。例如对 7 户核心家庭的调查，得知每个家庭的子女数分别为 3，2，3，1，2，2，4，这 7 户家庭的平均子女数即为

$$\bar{x} = \frac{3+2+3+1+2+2+4}{7} = 2.4$$

如果被调查的家庭为70 户，调查结果得到有 1 个子女的家庭 20 户，2 个子女的家庭 30 户，3 个子女的家庭 15 户，4 个子女的家庭 5 户，则可

① 西安交通大学管理学院人口与经济研究所：《中国 90 年代以来死亡水平研究》，见《2000 年人口普查国家级重点课题研究报告》，中国统计出版社 2005 年版。

以用对分组数据的公式求均值，即：

$$\bar{x} = \sum x_i f_i / \sum f_i$$

均值是对样本的描述指标，反映了大部分变量值的趋向。上例中虽然没有哪个家庭的实际子女数是2.4个，但通过均值可以体现出这些家庭子女数的集中趋势。在实际应用中，往往是用均值对不同样本之间进行比较。不过下文会提到，如果样本的结构差距较大，在比较时需要特别留意。

在众多集中趋势的量度中，仅有均值的计算需要使用全部变量值，如公式中所展示的。均值的优点是稳定、偏差小；其缺点是容易受到极端值的影响，尤其在样本量较小时更为明显。假设上例中第一户的子女不是3个而是8个，则 $\bar{x}$ 就是3.1，虽然只有一户较为特殊，但对均值影响较大。如果在70户中有一户子女数为8，则不会对均值有明显影响。因此，在观察到变量中有个别极端值时，可以改用中位数来测量集中趋势，以避免得到有偏差的结论。

除算术平均值外，还有几何平均值和调和平均值，虽然并非常用。这里列出它们的定义如下：

$$\text{几何平均值} = \sqrt[n]{x_1 \cdot x_2 \cdots x_n} \quad \text{调和平均值} = n / \sum \frac{1}{x_i}$$

中位数

描述定距数据集中趋势的另一个指标是中位数。中位数的计算简单：将一组数据从小到大依次排列，位于正中位置的数就是中位数，即次序在第（n+1）/2个数的数值。例如对7户家庭子女数排序，得到：1，2，2，2，3，3，4，中位数即为第4个数值2。如果变量值的个数为偶数，中位数则是中间两项数值的平均值。而对上例中70户家庭的分组数据，中位数应为第 $\sum f/2$ 个数所在组的数值，即第35个数所在组的数值2。

中位数的意义很直观：它把一组数据平分为两部分，一半在其上，一半在其下。如1964年中国人口年龄中位数是20.2岁，2005年的人口年龄中位数是34.4岁，即1964年中国人口有一半在20.2岁以下，而到2005年则有一半人口在34.4岁以下，说明2005年总人口的年龄要比1964年“老”。

中位数的取值由其在排序数据中的位置决定，不受极端值的影响，更适用于在数据分布偏差较大或有个别极大（极小）值时。如上例中假设第一户子女数为8个，均值增加到3.14，而中位数并不改变，依然是2。中位数的另一个优点是可应用于有开口组的分组数据，例如，假设将70户子女数中的有3个子女和有4个子女的组合并为有3个及以上子女组，对这样的分组数据就无法计算均值，而中位数的计算则不受影响。

四分位数

将一组数据从小到大依次排列，分成四等份，这三个分位点的数值则称为四分位数，从最小值一端起，依次为第一、第二、第三的四分位数，记为Q_1、Q_2、Q_3。中位数实际是四分位数中的一个，即Q_2，它把数据分为两等份。应用四分位数来描述数据的集中趋势时，既避免了极端值的影响，又不像中位数那样只考虑中间的一个点，而是描述了数值分布的区间。有时也用（Q_1+Q_3）/2来描述集中趋势。四分位数既可用于定序数据，也可用于定距数据。

众数

众数，顾名思义，就是在一组数据中出现次数最多的数值。众数可应用于对定类、定序和定距（离散分布）数据的描述。如上例中家庭平均子女数中的众数即为2，因为2出现的次数最多。而对于定序数据而言，众数表述的是某类结果，不一定是数，如学生成绩分为优、良、中、差，其中成绩为“良”的学生最多，则众数即为“良”。

众数完全取决于变量数值出现的相对频次，一组数据中可能有两个或更多的众数，也可能没有众数。众数常被用于说明某一现象的普遍性，虽欠精确但较为直观和实用，尤其对定类数据而言，它是唯一可用的集中趋势量度。众数简单易得，不受极端值的影响。其缺点是不稳定，且在数据分布不够集中时意义不大。

对几种集中趋势描述指标的讨论

在社会统计资料的分析中，均值是最为常用的集中趋势量度，不过中位数和众数也各有特点和优势。下面从几个方面对这些常用量度进行比较。

（1）基于均值的性质，如果对一个总体进行多次抽样，每次得到的均值趋向一致，而中位数和众数则没有这种性质，因此均值具有较好的稳定性和可靠性。多数统计推理一般都使用均值。

（2）均值的计算考虑到全部数值的影响，对数据描述比较全面，对数据的变化也更为敏感。而中位数只受到中段数值变化的影响，众数受频次变化的影响，都难以全面反映数据情况。但在数据中出现个别极大（或极小）值且样本量较少时，中位数和众数可能比均值更为准确地描述集中趋势。

（3）均值可进行代数运算，如求两组数据的均值之差等，而中位数和众数则不能。

（4）对于分组数据而言，中位数和众数不受开口组的影响，而对有开口组的分组数据则无法计算均值。

（5）均值和中位数仅适用于对定距数据的描述，众数则可用于各类数据。

这些常用的集中趋势指标各有特点和局限，在实际使用时应根据需要来选择合适的指标。一般来说，在条件允许的情况下首先考虑使用均值。

对于完全对称分布的数据而言，均值、中位数和众数大体相等。如果数据分布呈左偏，即左端有少数极小值，则会出现“均值 < 中位数 < 众数”的现象；右偏数据则有“均值 > 中位数 > 众数”这样的关系。

二　离散趋势的描述

对离散趋势的描述指标常与集中趋势的描述指标共同使用，以求描述数据的全貌。以表 4.1 中两组数据为例，学生甲和学生乙的五次考试平均成绩相等，但显然学生乙的成绩分布更为分散，学生甲的成绩多集中于均值附近。这两组数据有不同特征：学生甲的考试成绩比较稳定，其均值更有意义，学生乙的分数不稳定，时好时坏。如果只有对集中趋势的描述，则无法显示两者之不同。因此，除了集中趋势外，还需要描述离散趋势。在科技文献中，往往同时列出这两种度量。

表 4.1　　两个学生的 5 次考试成绩

考试次序	考试成绩	
	学生甲	学生乙
1	88	80
2	90	95
3	89	97
4	92	86
5	90	91
平均成绩	89.8	89.8

方差与标准差

方差或标准差是在描述统计数据的离散趋势时最为常用的。方差的定义是各变量值与均值之差平方的平均值，即：

$$s^2 = \sum \frac{(x_i - \bar{x})^2}{n}$$

方差的计算包括了每个数据的值与均值的离差，比较全面地反映了数据的离散特征。因为方差取了平方，已不再是原来变量值的单位，不易理解，若将方差开平方就得到标准差 s。应用表 4.1 的数据，两个学生的平均考试成绩均为 89.80，而学生甲考试成绩的标准差为 1.48，学生乙的则为 6.91。显然学生甲的考试成绩更为稳定集中，学生乙的各次考试成绩相差较大。

极差

极差的定义是数据中最大值和最小值之差。极差的计算简单，意义直观。如表 4.1 中学生甲的考试成绩极差为 4，学生乙的则为 17，同样反映了学生乙的成绩值分布较为分散。

因为极差的计算是利用相对距离描述数据分布的离散程度，只考虑了两端的数值而不涉及中间数据的分布情况，因此只可作为粗略量度。此外，对于有开口组的数据来说，无法计算极差。在社会科学资料分析结果中，有时在使用中位数描述集中趋势时，同时用极差描述离散趋势。

四分位差

四分位数是描述集中趋势的指标之一，四分位差则是（$Q_3 - Q_1$）/2，用于描述离散趋势。四分位差与极差相似，也使用相对距离来描述离散趋势，但因其不涉及两端数据，不受极端值影响，所以有时将四分位差与中位数一起使用来描述数据特征，而不用极差。

标准差系数

标准差系数也被称为离散系数。以上介绍的量度都是绝对差异量度，与原数据的单位是相同的。在比较多组数据时，对单位不一样的数据就很难作出判断。即使单位相同的数据，由于标准差往往随均值的上升而增大，对均值相差悬殊的同单位数据也不适宜仅从标准差的大小来判断两组数据分布的离散程度，这就要借助相对差异量度进行比较，即标准差系数。

标准差系数是标准差与均值之比的百分数，即：

$$cv = \frac{s}{x} \times 100\%$$

标准差系数越大，离散程度越高。

三　数据的图表展示

频数分布表

频数分布表常用于对各类统计资料的概括描述。对不同类型的数据和不同的描述目的，使用指标和结构会有所不同。如分类数据是按照各类名称及其频数列表，也可视需要列出百分比或累计百分比。对样本较大的资料，如人口普查结果，各类人数皆成千上万，使用百分比标明各类人所占比重则更有实际意义。

对定距数据可以列出每个数值出现的频数或百分比。但当数值范围很大、重复出现的次数较少时，这种列表效果较差，表既长也缺乏概括性。一种常用的做法是将数据分组后，以分组形式列表，这时分组方法就十分重要，会直接影响统计描述的效果。分组过密难以起到概括的作用，分组过疏则会损失大量信息，而分组不当甚至会给读者以错误印象。

定距数据的图形描述

分组频数表虽能描述定距数据的特征，但不够直观，尤其在组数较多时。用图形描述数据分布是常用的一种做法。用于描述定距数据的常用图示法有直方图、折线图、曲线图等。

直方图用柱形描述定距数据，柱的高度表示频数，横轴为变量值，标出组限或组中值，对相等的组距而言，柱的宽度相等。图 4.3 为描述一组老年人血压（舒张压）分布的直方图，从图中可看出数据的集中趋势和离散程度，以及分布的对称情况。

折线图则是在分组频数分布表的基础上构成，横坐标为组中值，纵坐标为频次或百分比或累计百分比。如果分组较多较密，则用曲线图更为合适。此外，在描述发展趋势时，多用曲线图表示。箱线图是用图形方法显示数据描述指标的四分位数，适用于显示多个子群体的不同分布。图 4.4 为流动和非流动两个人群的年龄分布，显然正在流动的人口更年轻且分布更为集中。

定类或定序数据的图形描述

对于定类或定序数据，可用柱状图、条形图或饼图。图示方法的选用取决于作者希望获得的展示效果。例如柱状图和条形图适用于展示不同类别的频次或比例，如果分类较多或类别说明较长，使用条形图更为合适。柱状图和条形图也适用于比较不同子群体的变量分布，如图 4.5 为四个子群体分别在两个年度的在校比例，在一张图中清晰直观地显示了不同人群

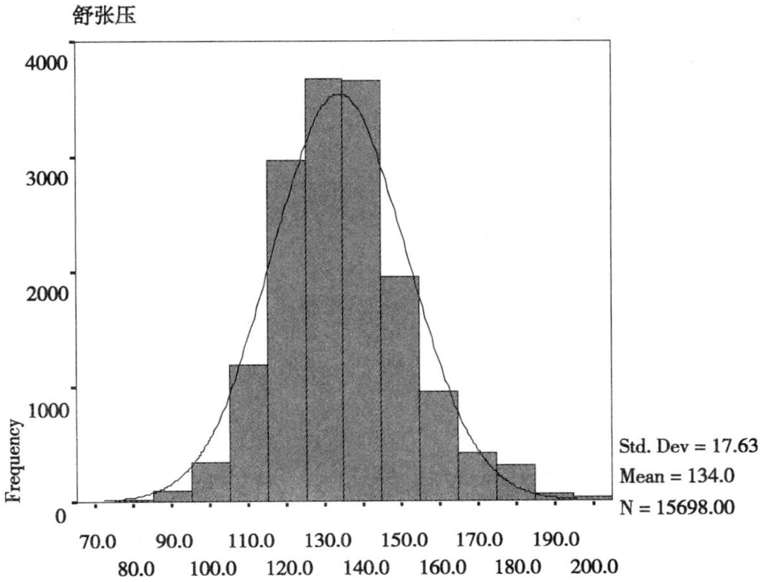

图 4.3 直方图：一个老年人群的舒张压分布
（横轴为舒张压，纵轴为频数）

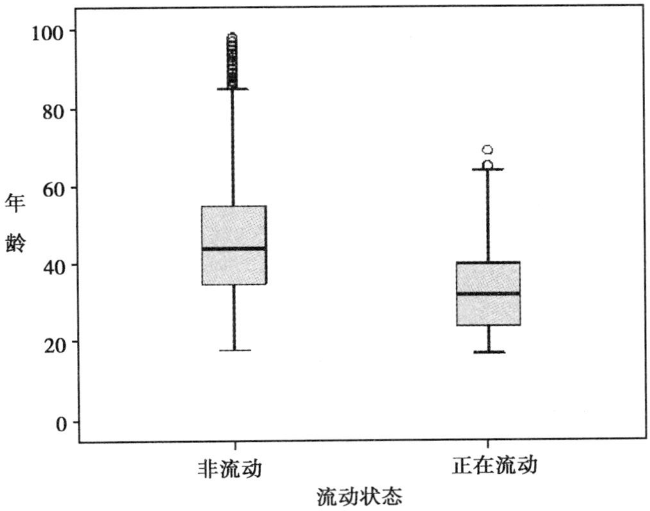

图 4.4 箱线图：两个人群的年龄分布

之间的差异以及不同年代之间的变化，其中农村女青少年组的变化尤其显著，不仅 2000 年的在校比例与 1990 年相比有最大幅度的提高，而且与农村男青年组的差距已经很小。饼图则主要用于展示分类数据的不同类别所占比重，尤其在各类比重相差悬殊的情况下会给读者留下深刻印象。但饼图不适合用于展示分类较多的数据。

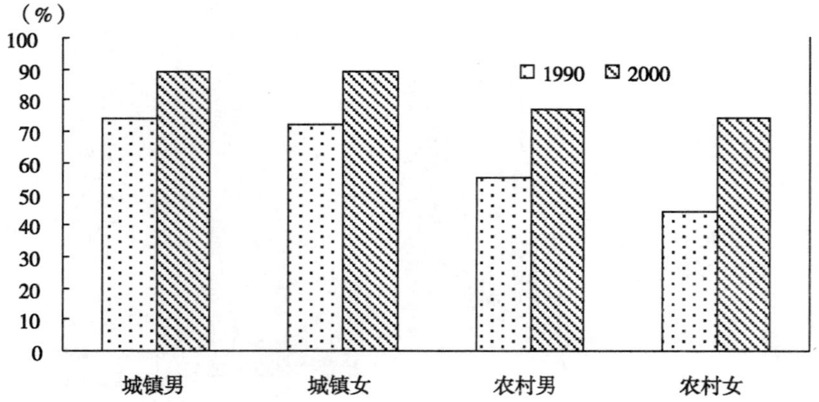

图 4.5　柱形图：1990 年和 2000 年分城乡和性别的 10—18 岁青少年在校比例

例 4.5　人口数据的描述与比较

在很多描述性展示中，不仅为了介绍某个变量的分布，也往往要比较两个群体的差别，例如在人口学研究中，经常需要比较各地区之间生育水平和死亡水平的差异。但是，不同地区之间人口年龄结构的不同（如图 4.4 所示流动人口与非流动人口的年龄差别），会导致生育水平和死亡水平的某些测量指标差距，不一定是这些水平的真实差距，因而影响了对现实问题的判断。为了消除（或减小）人口年龄结构的影响，使两个群体的指标具有可比性，在人口研究中引入了人口年龄结构标准化的方法。

本例以一般生育率（或称总生育率）来说明比较不同地区之间生育水平时年龄结构的影响。表 4.2 为甲、乙两地育龄妇女的生育率状况。两个地区的生育率水平到底孰高孰低呢?

首先看两地的一般生育率（即总生育率）的比较。一般生育率被定义为一定时期内（通常是一年）的活产婴儿数与育龄妇女数的比。计算公式如下：

$$GFR = \frac{B}{W_{15-49}} = \frac{\sum f_a W_a}{W_{15-49}} = \sum f_a \cdot \frac{W_a}{W_{15-49}}$$

其中，B 为期内出生人数，W_{15-49} 为期内 15—49 岁育龄妇女平均数，f_a

为 a 岁育龄妇女的分年龄生育率，W_a 为 a 岁育龄妇女占 15—49 岁育龄妇女的比例。

根据上述公式可以计算出甲地的一般生育率为 65.38‰，乙地的一般生育率为 66.51‰。很明显，乙地的一般生育率高于甲地的一般生育率，似乎乙地的生育水平高，但是如果我们比较甲、乙两地的分年龄生育率时，可以发现，甲地人口各年龄组育龄妇女的生育率均高于乙地相应年龄组的生育率。一般生育率和分年龄生育率之间出现了矛盾。产生这一矛盾的原因主要是因为乙地人口生育率高的年龄组人数所占比例高于甲地相应年龄组人数所占比例（主要是 25—29 岁组）。因此，如果要比较两个地区育龄妇女的生育率水平，应该消除年龄结构的影响，即进行人口年龄结构标准化。

表 4.2　　两个人群的分年龄生育率

年龄	甲地			乙地		
	生育率（‰）	育龄妇女		生育率（‰）	育龄妇女	
		人数	比例（%）		人数	比例（%）
15—19	7.1	19900	17.99	6.8	16400	16.50
20—24	82.6	21300	19.26	78.7	19100	19.22
25—29	201.3	18700	16.91	199.1	18800	18.91
30—34	71.4	16200	14.65	68.6	15100	15.19
35—39	21.8	16500	14.92	14.5	12500	12.58
40—44	4.2	10100	9.13	3.8	10700	10.76
45—49	0.8	7900	7.14	0.7	6800	6.84
合计	—	110600	100	—	99400	100

进行年龄结构标准化所需的已知条件是分年龄生育率，核心是用同一年龄结构计算人口总体的一般生育率。所选取的同一年龄结构称为标准年龄结构，如果已知甲地人口的分年龄生育率为 f_a^1，乙地人口的分年龄生育率为 f_a^2，选取的育龄妇女标准年龄结构为 c_a^s，那么根据下面的公式就可以计算出两地的人口标准化生育率：

$$GFR_1^s = \sum f_a^1 \cdot c_a^s \text{；} GFR_2^s = \sum f_a^2 \cdot c_a^s$$

从标准化方法本身的要求看，选取哪个年龄结构作为标准化年龄结构是随意的，但选取的标准化年龄结构不同，会影响生育率的结果比较。在上例中，当甲、乙两地采用甲地的年龄结构进行标准化时，甲地的标准化一般生育率为65.38‰，乙地的标准化一般生育率则为62.66‰，甲地较乙地高2.72个千分点；当采用乙地的年龄结构进行标准化时，甲地的标准化生育率为69.21‰，乙地标准化生育率为66.51‰，甲地较乙地高2.70个千分点；当采用二者的平均年龄结构作为标准年龄结构时，甲地的标准化生育率为67.19‰，乙地的标准化生育率为64.52‰，二者相差2.67个千分点。从标准化后的结果看，三种标准化方法均消除了一般生育率与分年龄生育率的矛盾现象，但三种标准化结果之间略有差异。在人口年龄结构标准化时，通常建议采用平均年龄结构作为标准年龄结构。

需要说明的是，虽然两地的一般生育率通过年龄结构标准化后可以消除育龄妇女年龄结构不同的影响，从而可以直接进行比较，但是年龄结构标准化并不能消除标准年龄结构的影响，当标准年龄结构变化时，两地人口生育率的相对结果也会改变。

（本案例由林宝撰写；参见查瑞传主编《人口普查资料分析技术》，中国人口出版社1991年版）

第三节 数据分析

一 定类和定序变量：交叉表与相关

以上介绍的对社会统计资料的描述都是对单一变量的基本分布进行描述或直观的比较。在现实社会中，各种现象或事件往往相互关联或相互影响，因此有必要对两个或更多变量之间的关系进行分析。对定类数据和定序数据而言，研究两个变量之间关系的基础分析方法是交叉表（也称为列联表）。

交叉表由行与列两个变量构成，表中变量可以为有序，也可为无序。使用交叉表分析的目的往往是观察两个变量之间的关系，如青少年在校状况与吸烟的关系，受教育程度与从事职业的关系等，这种关系称为相关，通过统计学方法可以对这种相关关系进行测量和检验。定类和定序变量的相关意味着两种现象的发生不是相互独立的，而是相互影响或有某种关联，导致不同类型结果分布的变化。

可以从以下几个方面描述定类变量和定序变量的相关关系：

（1）是否存在相关关系：判断两个定类或定序变量之间是否存在相关关系，可以直接观察，如从表4.3中可以直接观察到兄弟姐妹数和年龄之间的相关关系，即年龄越大的人兄弟姐妹数越多。不过在有些情况下，不同类别之间的差距并不那么明显。通过对相关关系的卡方检验可以帮助判断两个变量是否有相关关系，如果卡方检验结果在统计上显著，则可以认为这两个变量在统计上是相关的。

对两个变量交叉表进行相关检验时，需要注意满足：两个变量均来自随机样本，交叉表中期望频数小于 5 的格不超过 1/5，且所有格的期望频数都大于 1。后面两个条件如果不满足，统计软件在给出检验结果时会提出警告。应对这种情况的通常做法是合并频次极少的类别，避免交叉表中有太多空缺格或频次太少的格。表 4.3 中已经将 5 个兄弟姐妹或更多的类别合并为一类，还可以进一步将 4 个和 5 个及以上两项合并。

卡方检验只能帮助判断是否存在相关关系，而无法得知是强相关还是弱相关。且卡方检验中的卡方值计算与样本量有关，样本越大相关检验就会越显著。使用相关强度测量则会提供更有实用意义的信息。

（2）相关强度：测量相关强度一般使用相关系数，该系数取值范围在 -1—1 之间。相关系数的绝对值越大，说明相关程度越高。相关系数并不是唯一的，对于不同的变量类型和特征有不同的相关系数。例如测量两个定类变量的相关系数有 Lamda 或 tau-y，测量两个定序变量的相关系数有 Gamma、Somers' d、tau-b 和 tau-c 等。应在具体使用时参照手册选择最适合的相关系数。

（3）相关方向和线性趋势：对于定序变量而言，两个变量之间的关系有正负相关之分，同向变化的为正相关，反向变化的为负相关，因此定序变量的相关系数取值在［-1，1］之间。此外，对于定序变量还可以检验两个变量之间的相关是否呈线性趋势（请注意：社会现象中有很多相关都是非线性的）。以表 4.3 为例，其中的兄弟姐妹数和年龄组都可以看作定序变量，越高年龄组的人，平均兄弟姐妹数就越多，两个变量之间的相关强度相当高，相关系数为 0.668，且这种相关关系具有显著的线性趋势。

表 4.3　某调查人群的兄弟姐妹数量和年龄之间的关系　（%）

兄弟姐妹数	年龄组						合计
	15—19	20—24	25—29	30—34	35—39	40 +	
0	77.8	64.5	53.8	29.8	5.9	2.4	29.4
1	20.8	29.9	31.7	49.6	47.3	24.7	35.9

续表

兄弟姐妹数	年龄组						合计
	15—19	20—24	25—29	30—34	35—39	40 +	
2	1.0	3.9	8.7	12.4	26.9	36.2	18.9
3	.3	1.0	3.4	4.5	10.8	19.6	8.6
4		.4	1.4	2.2	5.6	10.0	4.3
5 +		.2	.9	1.6	3.4	7.1	2.9
合计	100.0	100.0	100.0	100.0	100.0	100.0	100.0

注：$N = 20800$；卡方检验：$p < .001$；线性趋势：$p < .001$；Gamma 系数 = .668。

交叉表分表分析（partial tables）

交叉表分表分析是多元分析中较为简单直观的一种，它在双变量交叉表分析的基础上，通过控制第三个（或第四、第五个等）变量，即在第三个变量的每一类别内建立原有两变量间的关系，观察原有两个变量间的关系是否会受第三个变量的影响而发生变化。这一方法，可以帮助我们进一步理解原有双变量之间的关系。在控制第三个变量后：

（1）若各分表中原有两变量之间的关系仍存在，且与原表所示关系相同，则表明原有两变量之间的关系为直接关系，分表关系复制了原表关系（replication）；

（2）若各分表中所示关系相同，但均比原有关系较弱，则原有两变量之间的关系可能为虚假关系（spurious relationship）或中介关系（intervening relationship），第三个变量对原表中双变量的关系的成因进行解释，具体性质因第三个变量在时间发生上的先后顺序而异；

（3）若各分表中所示双变量关系不同，与原表也不相同，则原有两变量之间的关系可能因第三个变量而异，即第三个变量对原有双变量关系存在交互作用。

例 4.6　交叉表分表分析：婚姻失败的相关因素

表 4.4 中婚姻失败与性别的双因素分析结果显示，女性婚姻失败率低于男性。进一步引入受教育程度，表 4.5 显示了男女两性婚姻成败与其受教育程度的关系。结果表明，女性中婚姻成败与受教育程度存在显著相关关系，即受教育程度较低的婚姻失败率明显较低；而这一关系对男性并不成立。

表 4.4　婚姻失败的性别差异

	女	男
婚姻失败	41.3	56.3
婚姻成功	58.7	43.8
合计（N）	（46）	（48）

表 4.5　男女婚姻失败与文化程度差异的交叉表分表特征

性别		文化程度		卡方检验结果 *p* 值
		低	高	
女	婚姻失败	13.6	66.7	0.000
	婚姻成功	86.4	33.3	
	合计（n1）	（22）	（24）	
男	婚姻失败	53.7	71.4	0.381
	婚姻成功	46.3	28.6	
	合计（n2）	（41）	（7）	

表 4.6 所示为控制收入水平下的婚姻成败与性别的关系。由表 4.6 可见，原有表 4.5 中的双变量关系在“低”收入水平的分表中得以复制，但在其他（“中”、“高”收入）分表中，原有的双变量关系不复存在。因此，“性别对婚姻的影响是有条件的，收入较低时，男性的婚姻很可能失败，收入中高时，婚姻成败可能与性别有关，但关联性并不显著”。

表 4.6　不同收入水平下婚姻失败与性别关系的交叉表分表特征

收入		性别		卡方检验结果 *p* 值
		女	男	
低	婚姻失败	33.3	84.6	0.009
	婚姻成功	66.7	15.4	
	合计（n1）	（12）	（13）	
中	婚姻失败	37.0	50.0	0.374
	婚姻成功	63.0	50.0	
	合计（n2）	27	20	
高	婚姻失败	71.4	40.0	0.170
	婚姻成功	28.6	60.0	
	合计（n3）	（7）	（15）	

（本案例由牛建林撰写。参见白建军《法律实证研究方法》，北京大学出版社 2008 年版，第 118—124、282—283 页。）

二　定距变量：相关与回归

对两个定距变量 X 和 Y 之间的关系，可以通过散点图直接观察。很多现象中可以观察到不同形式的相关，如年龄和死亡率密切相关，但这种相关不是线性相关，很难用简单的形式表达出来。此处只讨论线性相关的情况。

线性相关有相关强度大小和相关方向正负之分，这些特征都可以用一个相关系数描述，即皮尔逊（Pearson）相关系数。该相关系数的取值范围在［-1，1］之间，相关强度由该系数的绝对值决定。如果 X 和 Y 都是随机变量，样本来自正态分布（或样本大于 30），则该相关系数是对总体参数的估计值。不过，皮尔逊相关系数更适用于描述两个连续变量之间的关系，若变量中至少有一个是离散型变量或定序变量，或者样本较小且总体分布未知，则应选用斯皮尔曼（Spearman）等级相关系数，该系数的计算只考虑等级之差，即只与变量值的次序有关。

两个定距变量之间的线性相关关系，可以用一条直线来描述，即可估计对应于变量 X 变化一个单位，Y 的相应变化，从而在两个变量之间建立线性回归模型来定量地描述这种相关关系，如果进一步满足建立因果关系的条件，应用线性回归模型可以定量地解释一个变量对另一个变量的作用。简单线性回归模型的表达式为：

$$Y = a + bX + e$$

其中 Y 称为因变量，X 称为自变量；a 为常数项，b 称为回归系数；e 为误差项。如果假设回归结果准确地反映了两个变量之间的关系，可以忽略误差项，X 和 Y 之间的关系用一条回归直线表示，应用回归结果就可以从 X 的变化推测出 Y 的取值变化，这时 a 是回归直线与 y 轴的交点，即直线的截距，b 为回归线的斜率。

图 4.6 为一简单线性回归结果，描述了 1975 年和 2000 年中国各省/市/自治区的生育率之间的线性相关。从图中可直观地看到两者之间的关系是正相关，即 1975 年生育率较高的省份，在 2000 年生育率依然较高，虽然 25 年间的绝对水平都在下降。这个模型中的 X 为 1975 年的生育率，其变化可以解释 2000 年省级生育率变化的 60.4%（即这个简单线性回归的决定系数 R^2 =.604）。如果用相关系数测量，两组数据的皮尔逊相关系

数为 0.78。

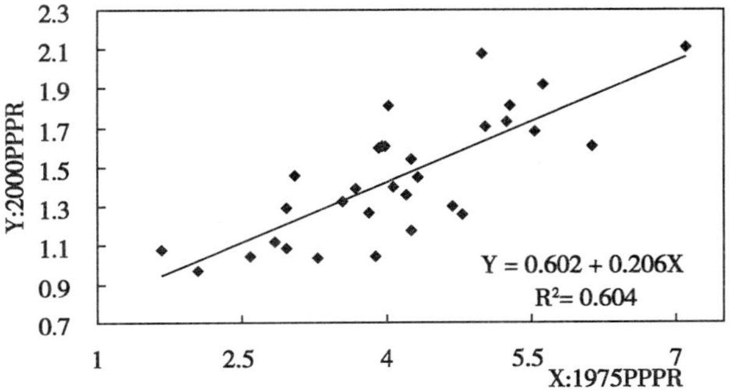

图 4.6　1975 年和 2000 年分省胎次递进总和生育率的关联

（资料来源：中华人民共和国国家统计局、美国东西方研究中心：《中国各省生育率估计：1975—2000》，中国统计出版社 2007 年版。）

三　多变量统计分析

多元线性回归分析

多元线性回归模型（OLS）是研究定距变量与其他变量（定距或其他）之间相关关系的一种重要而常见的方法。与方差分析（ANOVA）、协方差分析（ANCOVA）相比，多元线性模型同样以定距变量为因变量，但它能同时考察多个解释变量的影响，从而为检验竞争性解释（confounding factors）提供了有效的统计控制手段。

由于 OLS 方法是唯一具有封闭型式解（closed-form solution）的拟合方法，它的拟合结果为最优的无偏估计。然而，多元线性模型的稳定性与有效性也不是没有条件的，该模型要求模型的残差具有零均值、常数方差、服从正态分布，同时，残差之间以及残差与自变量之间须相互独立等。

在实际研究中，上述 OLS 模型的不同假设对其模型结果的影响并不相同。常见的分层整群抽样数据，较低（如 CHNS 中个人）层次的变量在群组内部相关性明显较高，这就违背了 OLS 模型的独立性假设；因而，研究分层数据结构中定距变量的影响机制，需借助分层模型，以更为准确有效地估计模型参数。与之相类似，时间序列数据也具有类似的非独立性特征，因而，针对这类数据应采取相应的调整（如例 4.8 中用到的 Guiley 方法）或结合合适的模型策略（如分层模型）。

例 4.7 因变量为定距变量的 OLS 线性回归模型

Liu et al. （2008）将健康素质纳入人力资本理论，运用 OLS 模型（以及个人层次固定效应模型）分析了家庭劳动年龄成员的健康状况对家庭平均生产力的影响。

研究背景：自 20 世纪 80 年代初以来，中国社会经济飞速发展，创造了经济持续快速增长的世界奇迹。多数研究将中国经济增长的原因归结为金融资本投资、国际贸易、财政与货币政策、教育人力资本或科技进步等因素；相对而言，同样作为劳动生产力的重要决定因素，健康对生产力、经济增长的作用却少有研究。

研究问题：主要考察个人健康状况对家庭生产力是否具有影响。

研究设计：由于家庭成员之间有可能进行劳动供给互补，即在个别成员发生疾病的状况下，其他家庭成员可以进行补偿性的劳动供给。这样，家庭生产力区别于个人生产力，其受家庭成员健康状况的影响可能为个人生产力所受健康状况影响的下限。本研究利用家庭收入来度量家庭生产力，并将家庭收入（对劳动年龄成员数）取平均值，研究个人健康状况对家庭平均生产力的影响。然而，这样的研究策略（即以家庭人均收入测度家庭平均生产力），使得样本中同一家庭的各成员对应相同的生产力水平；样本分析单位的这一组内高度相关特征可能影响模型的估计结果；为消除相应影响，本研究线性模型对 OLS 模型系数的标准误进行了调整。

此外，由于未观察到的家庭背景、个人特有的身体素质等特征会影响长期收入，在横断面数据中，个人的健康状况极有可能对收入产生内生性影响（endogeneity）。这样，运用横断面数据，对上述特征不加控制可能会导致健康变量的系数比真实值偏大。然而，一般的线性回归模型假设自变量对因变量存在外生性影响。为检验相应假设对模型结果的影响，文章运用个人层次固定效应模型（Individual-level fixed-effects，即 IFE）对 OLS 模型估计结果的可靠性进行检验。结果表明，运用个人层次固定效应模型与 OLS 回归结果的基本结论高度相似，二者的区别主要在于系数大小的变化——运用 IFE 模型所得的健康—收入关系强度略有下降。这一点读者在解读 OLS 模型结果时应当注意。

数据与方法：CHNS 是由美国北卡大学人口中心和中国预防医学科学院营养与食品卫生研究所联合开展的，旨在了解中国社会经济变革对其人口的健康与营养状况的影响，以及各级政府的营养卫生与人口政策的实施效果的跟踪调查。该调查始于 1989 年，初期设计的调查间隔为 2 年。调查采取多阶段分层整群抽样，调查样本包括辽宁（1997 年未参加调查，由黑龙江替代；此后两省均参加）、江苏、山东、河南、湖北、湖南、广西与贵州八个省份的约 3800 个家庭户。

本研究使用 CHNS1991、1993 年与 1997 年数据，共包括 4673 个家庭户的 14930 个劳动年龄（18—65 岁之间）成员。由于数据缺失问题，最终分析样本包括 4624 个家庭户中的 13669（92%）个成员。

因变量为个人收入（以家庭人均收入来测度），自变量为个人的健康状况；控制变量包括个人的社会经济与人口特征（如居住地、性别、年龄、受教育程度、婚姻状况、职业、医疗保险）以及时期效应。

多元线性回归模型结果：该研究的多元线性回归模型结果见表 4.7。

表 4.7 影响家庭平均生产力的多元线性回归模型

变量	总样本	城镇	农村
自评健康状况（参照组 = “较差”）			
非常好	166.6 ***	121.6 *	220.9 ***
较好	85.9 **	60.6	111.6 **
一般	42.0	38.8	44.0
年龄（参照组 = 18—25 岁）			
26—30	-69.9 ***	-52.2	-50.5 *
31—35	-62.0 **	-84.7 *	-28.7
36—40	-42.6 *	-103.4 **	0.1
41—45	26.1	40.7	30.4
46—50	130.1 ***	118.6 **	147.9 ***
51—55	127.3 ***	102.7 *	161.3 ***
56—60	16.6	74.6	19.2
61—65	69.2 **	-39.5	-61.6
性别（参照组 = 女）			
男	-41.4 ***	-41.9 *	-45.6 ***
教育程度			
小学	44.5 **	15.4	59.8 **
初中	138.3 ***	119.4 ***	157.9 ***
高中	208.8 ***	193.6 ***	228.7 ***

续表

变量	总样本	城镇	农村
大专及以上	536.4 ***	551.9 ***	284.2 ***
婚姻状况			
已婚	8.2	37.1	-15.7
居住地（参照组=农村）			
城镇	-84.6 ***		
省份（参照组=黑龙江）			
辽宁	23.4	195.1 ***	-38.0
江苏	128.0 ***	-16.5	203.6 ***
山东	-86.2 **	-232.0 ***	2.1
河南	-192.2 ***	-248.6 ***	-144.9 ***
湖北	-97.0 **	-106.0 *	-68.3
湖南	39.8	-12.6	92.7 *
广西	-39.1	-130.8 **	29.6
贵州	-83.3 **	-178.7 ***	-13.3
是否有保险（参照组=无）			
有	76.3 ***	59.2 **	134.3 ***
年份（参照组=1991）			
1993	150.9 ***	87.8 ***	172.8 ***
1997	871.8 ***	1139.1 ***	742.0 ***
常数项	140.0 **	69.1	85.6

结论：模型回归结果表明，较好的个人健康状况对应于较高的家庭平均生产力。例如，与“较差”的健康状况相比，健康状况“非常好”的个人，其收入平均高出166.6元。健康对家庭生产力的正向影响关系在农村更为突出。如上表所示，在其他条件保持不变的情况下，农村健康状况“非常好”的个人，其收入比健康状况“较差”的平均高出220.9元。

可能的解释有：首先，在农村，由于劳动形式以体力劳动为主，健康状况对家庭生产力的影响就更为突出；相对而言，在城镇，由于工资保障较为稳定，个人因病缺勤对家庭经济状况影响较小。此外，健康状况对家庭收入的影响也可能通过医疗费用对家庭经济造成的直接支出负担来体现。由于农村医疗保险覆盖率非常低，家庭成员因病而致的医疗费用可能对家庭经济造成明显的打击；这一情况在城镇则大不相同。

（本案例由牛建林撰写。资料来源：Liu，Gordon G.，William H. Dow，Alex Z. Fu，John Akin，and Peter Lance，2008 “Income productivity in China：on the role of health” Journal of Health Economics 27：pp. 17—44）。

Logistic 回归分析

Logistic 模型、Probit 模型等为研究定类/定序变量的重要方法。由于定类/定序变量不满足 OLS 模型中残差正态分布的假设，常用的线性回归模型不能有效地估计相应的模型参数。针对因变量的分布特征，logistic、probit 等模型通过对因变量不同取值的概率进行（logit 或 probit）函数转换，从而有效解决模型拟合与预测等方面的问题。

这些模型通常采用最大似然估计法进行拟合，模型估计结果具有一致性、（在样本规模较大时）渐近正态性与渐近有效性等特征。然而，当样本规模过小或解释变量过多时，模型结果可能不收敛；此外，尽管 logistic 等模型并不要求解释变量之间相互独立，如果解释变量之间存在高度共线性或解释变量的某些取值完全对应于因变量的特定取值（perfect separation），则模型拟合结果将出现严重的不稳定。此外，logistic 等分类变量的拟合模型同样假设残差之间相互独立。因此，对于时间序列数据、分层数据，必须进行相应的调整或采用正确的模型策略，以保证模型拟合结果的正确有效性。

例 4.8　因变量为定类/定序变量的 logistic 模型与定序 probit 模型

Short 和 Zhai（1996）运用 logistic 回归模型及定序 probit 模型分析了改革开放初期，中国城乡家庭的规模与结构对其从事家庭生产活动的影响关系。

研究背景：20 世纪 80 年代，随着经济体制改革的实施，农业生产活动重新以家庭承包的形式来开展，与此同时，工业、制造业、服务业等发展迅速，小型的社会经济实体蓬勃兴起。不少家庭户开始从事以家庭为生产单位的商业、制造业与服务业等经济活动。

研究问题：Short 和 Zhai 的研究试图回答家庭户规模结构的变化是否会导致家庭生产活动的变化。

研究设计：既有研究表明，家庭规模结构与家庭生产活动之间存在相关关系，然而，对于二者之间作用的方向却缺乏定论。

变量间存在相关关系是因果关系存在的必要非充分条件，因果关系存在的条件还包括变量之间在时序上存在先后关系，以及这种因果关系具有排他性。这样，要检验家庭规模结构与家庭生产活动之间是否存在因果关系，就必须在相关关系的基础上进一步证明：1）二者之间存在时序上的先后关系，且2）这种相互关系在控制其他相关变量后不会减弱。对于前者，纵向跟踪调查数据是检验其有效性的理想数据，通过考察不同观察点相应变量的关系可以在一定程度上检验两变量之间作用的方向；对于后者，多元模型通过控制其他相关变量，可以在一定程度上检验这一核心关系的稳健性。

运用1989年与1991年中国健康与营养调查（CHNS）的跟踪调查数据，Short 和 Zhai（1996）将研究问题进一步细分为：1）1989年家庭结构是否影响1989—1991年之间家庭生产活动的变化；2）1989年的家庭生产活动是否影响1989—1991年之间家庭结构的变化。如果实证检验结果支持前者而非后者，这就表明，研究数据对于家庭结构影响家庭生产活动的论断提供了进一步的支持；反之，如果实证结果支持后者而非前者，则可能的因果关系链条为家庭生产活动（通过对生产力的需求等刺激）影响家庭结构的变化。如果实证结果对二者均支持，则家庭生产与家庭结构之间可能存在循环影响。

CHNS 为研究家庭生产与家庭结构之间的关系提供了较为理想的数据：1）该数据提供了家庭户规模与家庭结构的信息，便于区分二者的影响；2）该数据的跟踪调查性质为研究因果关系提供了可能；3）2年的调查间隔是研究相应关系的较为适当的间隔。

数据与方法：Short 和 Zhai 的研究选取了 CHNS1989 - CHNS1991 中成功跟踪（且核心变量无缺失值）的3574个家庭户样本（跟踪成功率约为95%），其中包括1179个城镇家庭户与2404个农村家庭户。研究中的分析单位为家庭户。

针对上述第一个细分研究问题——“1989年家庭结构是否影响1989—1991年之间家庭生产活动的变化”，Short 和 Zhai 考察在控制1989年家庭生产活动的条件下，1989年家庭结构对1991年从事家庭生产活动的影响。也即，多元回归模型的因变量为1991年“家庭生产”；自变量为1989年“家庭结构”与“家庭规模”。控制变量包括，1989年“家庭生产”、最高受教育程度、户主年龄、民族等家庭社会经济特征，以及社区中“农业劳动力的比重”、“私营企业发展情况”、“社区类型”等社会经济特征。

对于第二个细分问题——“1989 年的家庭生产活动是否影响 1989—1991 年之间家庭结构的变化”，Short 和 Zhai 分别考察了家庭生产对家庭结构与家庭规模变化的影响。也即，因变量包括：1）1991 年“家庭结构”，和 2）1989—1991 年间家庭规模的变化（“变小” =0、“不变” = 1、“变大” =2）。相应的自变量均为 1989 年“家庭活动”。多元回归模型的控制变量包括：1989 年“家庭结构”、最高受教育程度、户主年龄、民族等家庭社会经济特征，以及社区中“农业劳动力的比重”、“私营企业发展情况”、“社区类型”等社会经济特征。

鉴于研究问题及相应因变量的数据特征，Short 和 Zhai 分别采用 logistic 回归模型来拟合 1991 年“家庭生产”以及 1991 年“家庭结构”（二者均为二分变量）的影响机制，采用定序 probit 回归模型来拟合 1989—1991 年间家庭规模的变化（定序变量）。同时，由于个体化、工业化发展水平在城乡及不同地区之间存在明显差异，Short 和 Zhai 对城乡样本分别进行分析。

多元模型回归结果：

（1）1991 年“家庭生产”的 logistic 回归分析结果见表 4.8，其中因变量取值为：1 = 从事家庭生产活动，0 = 不从事家庭生产活动。

表 4.8　　城乡“1991 年家庭生产”的 logistic 回归系数

	农村		城镇	
	B	Adjusted SE①	B	Adjusted SE
家庭户特征				
1989 年家庭生产（参照组 = 否）				
是	3.020 *	-0.311	2.374 *	-0.225
家庭结构（1 = 扩展家庭）	0.677	-0.515	-0.221	-0.24
1989 年家庭户规模	0.348 *	-0.096	0.179 *	-0.067
户主年龄	0.007	-0.052	0.023	-0.053
户主年龄^2	-0.0003	-0.0005	-0.0003	-0.0005

① 在该研究中所有标准误均为根据 Guilkey 方法（Guilkey 1992）调整后的标准误，该调整方法是针对分层数据结构中个体之间可能因较高层次上未观察到的变量（异质性）对个体之间产生相似影响而导致同一群组的个体之间不独立、拟合标准误较大（低估相应的效应）的问题进行的。

续表

	农村		城镇	
	B	Adjusted SE	B	Adjusted SE
家庭成员最高受教育程度				
小学未毕业	0.495	-0.392	0.517	-0.307
中学未毕业	-0.032	-0.304	-0.222	-0.29
中学毕业及以上	-0.096	-0.346	-0.547	-0.293
户主为少数民族	0.841 *	-0.382	0.364	-0.285
社区特征				
农业劳动力比重	0.024 *	-0.006	—	
log 农业劳动力比重	—		0.319 *	-0.115
log 每千人参与个体企业数	-0.067	-0.117	0.301 *	-0.115
社区类型				
农村	1.546 *	-0.352		
城镇	—		-0.267	-0.336
常数项	-3.211 *	-1.228	-3.434 *	-1.361
模型检验 χ^2	872.4		467.8	
(自由度)	(12)		(12)	
样本量	2404		1170	

表4.8所示的模型结果表明，家庭户规模与家庭生产活动变化正向相关。即，在控制1989年家庭生产活动（及其他控制变量）的基础上，基期家庭户规模较大的，在1991年从事家庭生产的可能性更高——家庭户规模每增加1人，城镇与农村家庭从事家庭生产的可能性分别增加41.6%（=exp（0.348）-1）与19.6%（=exp（0.179）-1）；而1989年城乡家庭户是否为扩展家庭对其1991年从事家庭生产活动的可能性没有显著影响。

（2）1991年“家庭结构”的logistic回归结果见表4.9，其中家庭结构取值为：1=扩展家庭，0=核心家庭。

表 4.9　　城乡“1991 年家庭结构”的 logistic 回归系数

	农村		城镇	
	B	Adjusted SE	B	Adjusted SE
家庭特征				
1989 年家庭从事生产活动	0.352	0.284	0.091	0.211
1989 年家庭结构（1 = 扩展家庭）	3.339 *	0.146	2.503 *	0.212
户主年龄	0.130 *	0.042	0.143 *	0.042
户主年龄^2	-0.0014 *	0.0005	-0.0014 *	0.0004
家庭户成员中最高的受教育程度				
小学未毕业	-0.167	0.277	0.913	0.722
中学未毕业	-0.099	0.253	1.113 *	0.558
中学毕业或以上	0.109	0.286	1.02	0.618
户主为少数民族（1 = 是）	0.212	0.200	-0.655 *	0.307
社区特征				
农业劳动力比重	-0.0025	0.0005	—	
log 农业劳动力比重	—		0.081	0.064
log 每千人参与个体企业数	0.023	0.072	0.005	0.097
社区类型				
农村	-0.141	0.215	—	
城镇	—		0.261	0.235
常数项	-5.629 *	1.022	-6.760 *	1.114
模型检验 χ^2	707.5		251.5	
（自由度）	(11)		(11)	
样本量	2404		1170	

上述模型结果表明，在控制 1989 年家庭结构的条件下，1989 年家庭生产对 1991 年家庭结构（扩展特征）无显著影响。

（3）定序 probit 回归模型——1989—1991 年间“家庭规模”变化的定序 probit 回归模型见表 4.10，家庭规模变化取值为：0 = “变小”、1 = “不变”、2 = “变大”。

表 4.10 城乡“1989—1991 年家庭规模变化”的定序 probit 回归系数

	农村		城镇	
	B	Adjusted SE	B	Adjusted SE
家庭户特征				
1989 年家庭生产	-0.123	0.089	-0.153	0.096
1989 年家庭结构（1 = 扩展家庭）	-		-	
户主年龄	-0.034 *	0.014	0.0036	0.019
户主年龄^2	0.0001	0.0001	-0.0002	0.0002
家庭户成员中最高的受教育程度				
小学未毕业	-0.257 *	0.085	0.253	0.190
中学未毕业	-0.367 *	0.086	-0.286	0.185
中学毕业或以上	-0.376 *	0.082	-0.331	0.172
户主为少数民族（1 = 是）	0.051	0.060	-0.283 *	0.132
社区变量				
农业劳动力比重	-0.0004	0.0011	-	
log 农业劳动力比重	-		0.0025	0.033
log 每千人参与个体企业数	-0.046	0.025	-0.025	0.034
社区类型				
农村	-0.082	0.062	-	
城镇	-		0.015	0.107
常数项	2.839 *	0.353	1.574 *	0.504
截距	1.964 *	0.052	1.928 *	0.069
模型检验 χ^2	210.3		49.5	
（自由度）	(10)		(10)	
样本量	2404		1170	

上述模型结果表明，1989 年家庭生产对家庭规模的变化无显著影响。

结论：无论城市或农村，1989 年家庭户中处于劳动年龄的成员（17—69 岁）较多的，两年后从事家庭生产的可能性较高；而 1989 年是否从事家庭生产活动对两年后家庭劳动力规模不存在影响。因此，劳动力较为充足的家庭户进行家庭联合生产的可能性较高。可能的解释包括：1）机械化程度较低的农业与非农业生产活动，使得劳动力富足的家庭从事相应类型的生产活动更为有利；2）大规模的家庭可以更有效地分工合作，从而更好地利用周围出现的新的经济机会。

（本例由牛建林撰写。资料来源：Short，Susan E.，Fengying Zhai 1996 "Household production and household structure in the context of China's economic reforms" Social Forces 75（2）：pp. 691－717）。

分层模型分析（multilevel model）

分层模型是分析具有分层结构特征的数据的重要方法。在现实调查研究中，出于调查成本与设计效应（design effect）的考虑，不少大规模的调查采用分层设计，这样，分层模型就为研究该类数据中不同变量（定距、定序、定类等）在群组内部以及群组之间的变异性提供了有效途径。分层模型能够对个体特征、群组特征各自的影响以及二者的交互效应分别进行假设检验与参数估计，从而有利于深入理解因变量的变异特征。

多数分层模型采用最大似然估计方法进行拟合，因而，对于多层模型而言，模型拟合结果的有效性与稳定性也在很大程度上依赖于样本规模的大小。相对而言，多层模型中较高层的样本规模（即群组数）比低层样本规模（即各群组内部的个体数）对模型拟合结果的准确性及模型的统计有效性（statistical power）更为重要。Kreft（1996）曾将多层模型中样本的经验法则总结为：一般而言，30/30 的样本结构（也即至少 30 个群组，每个群组至少 30 个个体）能够较好地拟合模型的固定效应；50/20 的样本结构（也即至少 50 个群组，每个群组至少 20 个个体）能够较好地拟合模型中的跨层交互效应；100/10 的样本结构（也即至少 100 个群组，每个群组至少 10 个个体）可以较好地拟合模型中的随机效应。

例 4.9　因变量为定类变量的分层模型

郭志刚（2007）应用非线性分层模型分析了出生性别失衡的宏、微观影响因素及其作用机制。

研究背景：20 世纪 80 年代以来，中国人口出生性别比出现偏高，并且逐年加剧。现有研究对这一现象的成因进行了广泛的探讨。其中，现行计划生育政策（及其工作）对出生性别比失衡问题的影响越来越成为相关学术争论的重心。有学者认为，中国计划生育对出生性别比失衡问题存在间接影响，但不是出生性别比失衡的直接原因；也有学者从区域性数据或宏观层次的数据研究指出，生育政策与出生性别比失衡问题存在一定的因果关系。总体来说，现有研究中结合宏、微观层次数据进行的实证分析仍相当有限，这在相当程度上限制了人们对生育政策与出生性别比失衡问题关系的系统理解。

研究问题：郭志刚的研究旨在检验生育政策是否影响出生性别比。

研究设计：运用分层模型，该研究结合地区层次的生育政策变量和妇女个人层次的数据，考察相关因素对妇女在2000年普查前一年内新生婴儿性别的影响。个人层次“新生婴儿为男性”的概率p，其相应的发生比（p/（1-p））也即考察时间内新生婴儿的出生性别比（以小数表示）。

数据与方法：该研究使用的样本为2000年人口普查1‰抽样数据中在前一年有生育的育龄妇女，共计11735人。

因变量为：2000年普查前一年内育龄妇女生育的子女性别（1=男）；

自变量：在妇女层次包括此次生育的孩次、此次生育前是否尚无男孩、育龄妇女的受教育程度、户籍性质、民族成分、城乡居住地、人口流动状态等；在地区层次包括（国家计生委1999年统计的）各地区中不同生育政策（一孩与一孩半政策、二孩及以上政策）覆盖的人口比例。这些变量的具体定义及测度见下表。

表4.11　　分层模型中两层解释变量的定义与描述性统计

变量	定义	量化	比例或均值	标准差
生育子女性别	育龄妇女在五普前一年内生育的性别	1=男孩，0=女孩	0.54	0.5
个人特征				
无男孩	此次生育前尚无男孩	1=是，0=否	0.88	0.33
孩次1	此次生育是否为孩次1	1=是，1=否	0.69	0.46
孩次2	此次生育是否为孩次2	1=是，2=否	0.26	0.44
农业户口	是否为农业户口	1=是，3=否	0.79	0.41
低教育	是否教育程度为初中及以下	1=是，4=否	0.83	0.38
汉族	是否为汉族	1=是，5=否	0.87	0.34
城乡	是否居住于城镇	1=是，6=否	0.34	0.47
流动	是否户籍不在本地区	1=是，7=否	0.07	0.25
妇女样本=11735				
地区特征				
较严政策比例	一孩与一孩半生育政策在本地区的合计人口覆盖比例	0.8	0.33	
地区样本量=345				

多元模型结果：

表 4.12　所有孩次出生性别比的分层模型分析最终结果

模型变量		系数估计	显著度	优势比	95% 置信区间
较严政策比例	G01	0.407	0.0005	1.503	(1.136, 1.988)
农业户口	截距 G10	0.217	0.007	1.242	(1.064, 1.451)
	较严政策比例 G11	-0.289	0.004	0.749	(0.618, 0.907)
孩次 1	截距 G20	-0.291	0.020	0.748	(0.586, 0.955)
	较严政策比例 G21	-0.748	0.000	0.473	(0.322, 0.695)
孩次 2	较严政策比例 G31	-0.362	0.003	0.696	(0.550, 0.882)
无男孩	较严政策比例 G41	0.769	0.000	2.158	(1.779, 2.618)

无条件模型（未显示）的截距（0.176）所对应的优势比（1.192）表示，在考察样本中新生婴儿中男女比例为 1.192，这也正对应于五普样本中前一年内新生婴儿的性别比 119.2。

在最终模型中，地区层次的变量“较严政策比例”所对应的回归系数为 0.407。这表明，一个地区较严政策（一孩或一孩半政策）人口比例对该地区新生婴儿性别比具有正向作用。具体而言，在模型中其他变量保持不变的情况下，一个地区较严政策的人口比例每增加 10 个百分点，该地区对应参照组的出生性别比将上升约 4%（=exp（0.407/10）-1）。

农业户口的主效应及其与生育政策的交互效应均具有统计意义上的显著性。其中，主效应（0.217）为正值，其优势比表明在其他条件不变时，农业户口育龄妇女的出生性别比是非农户口的相应水平的 1.24 倍。而农业户口与政策的交互效应为负值（-0.289），这说明一个地区较严政策覆盖的人口比例越高，农业户口与非农业户口妇女所生育婴儿的出生性别比差异降低。

孩次 1 的主效应系数（G20 = -0.291）为负，表明孩次 1 的出生性别比显著低于参照组（孩次为 3 或以上）的相应水平。这与实际经验是一致的。孩次 1 与生育政策之间的交互效应（G21 = -0.748）以及孩次 2 与生育政策的交互效应（G31 = -0.362）都是负值，这表明在其他情况相同时，生育政策越严，一孩和二孩相对于多孩在出生性别比上的比值会下降。换句话说，就是生育政策越严，多孩性别失调严重化的速度会比一、二孩次更快。

综上所述，以上分层模型结果肯定了生育政策对出生性别比失调有显著影响；同时，该模型结果显示了生育政策对出生性别比失衡问题（及个人生育行为）的作用途径。在个人层次，显著性的变量有以往生育的数量和性别两个生育史因素，而个人其他社会特征中只有户口性质的影响得以肯定。其他社会特征变量回归系数（未显示）在统计上不具有显著性，这可能与自变量之间的多元共线性问题，以及样本数据中一孩出生所占的比例很大（69.3%），而一孩出生性别比（106）较低等方面的原因有关。

研究结论：生育政策对出生性别比存在直接影响，同时，它也通过对育龄妇女以往生育结果及其他社会特征的交互效应来间接影响出生性别比的状况。

（本例由牛建林撰写。资料来源：郭志刚：《对2000年人口普查出生性别比的分层模型分析》，《人口研究》2007年第3期）

例 4.10　因变量为定距变量的分层模型

杨菊华（2006）运用CHNS数据中关于社区及家庭经济特征的变量，通过建立多层线性模型，展示了分层模型对分析具有分层特征的数据的重要意义。

研究问题：本例主要考察社区与家庭特征如何影响家庭的经济状况。

研究设计：由于同一社区中不同家庭的经济条件受该社区发展状况的影响，也即，社区发展状况是影响家庭经济状况差异的一个重要方面；这样，社区内家庭经济状况之间并不独立，研究家庭经济状况影响因素的理想模型为分层模型。

数据与方法：作者使用了CHNS2000年的横断面数据，包括215个社区（包括居民区与村庄），共4152个家庭户的样本数据。该数据包括了社区、家庭和个人层次资料。

因变量：家庭经济状况，以家庭拥有的耐用消费品数量来测度。

自变量：包括社区都市化程度、社区发展水平和所在省份等社区特征，以及户主年龄与子女年龄结构等家庭特征。

表 4.13　本研究主要变量的定义及一般统计描述

变量	定义	量化测度	均值	标准差
家庭经济状况	家庭耐用消费品的拥有量，包括电饭锅、电风扇、电话、电视机等	1—12	5.54	3.21
社区特征				
都市化程度				

续表

变量	定义	量化测度	均值	标准差
市		1 = 是；0 = 否	15.03	
郊区		1 = 是；0 = 否	17.64	
镇		1 = 是；0 = 否	16.58	
村庄		1 = 是；0 = 否	50.75	
社区发展水平				
农业劳动人口比例	社区从事农业劳动人口比例		0.40	0.32
外出劳动力比例	社区内离开家庭 3 个月以上人口比例		24.33	22.25
平均受教育水平	社区平均受教育水平		7.16	2.19
省份或地区				
黑龙江		1 = 是；0 = 否	10.85	
辽宁		1 = 是；0 = 否	11.04	
山东		1 = 是；0 = 否	10.76	
河南		1 = 是；1 = 否	10.81	
江苏		1 = 是；2 = 否	11.20	
湖北		1 = 是；0 = 否	11.11	
湖南		1 = 是；0 = 否	11.20	
广西		1 = 是；0 = 否	11.61	
贵州		1 = 是；0 = 否	11.43	
家庭特征				
户主特征				
年龄		20—85	50.00	13.34
女性		1 = 是；0 = 否	15.39	
汉族		1 = 是；0 = 否	86.28	
教育	户主的受教育年限	0—18	7.15	4.13
农民	是否从事农业	1 = 是；0 = 否	45.91	
子女特征				
无子女			22.60	
有 0—6 岁孩子			4.99	
有 7—15 岁孩子			18.40	
有 16—19 岁孩子			13.83	
有 20 岁以上的儿子			10.60	
有 20 岁以上的女儿			29.58	

多元模型结果：

表 4.14 家庭经济状况的分层模型结果

	模型 1（无条件模型）		模型 2（随机截距模型）	
	系数	标准误	系数	标准误
社区特征				
都市化程度（参照组 = 市）				
郊区			-0.58 *	0.29
镇			-1.16 ***	0.26
村庄			-1.71 ***	0.31
社区发展水平				
农业劳动人口比例			-0.02 ***	0
外出劳动力比例			-0.01 *	0
平均受教育水平			0.14 **	0.04
省份或地区（参照组 = 江苏）				
黑龙江			-1.18 ***	0.32
辽宁			-1.27 ***	0.32
山东			-0.84 *	0.32
河南			-1.3 ***	0.31
湖北			-1.02 *	0.31
湖南			-0.56	0.31
广西			-0.77 *	0.31
贵州			-2.3 ***	0.32
家庭特征				
户主特征				
年龄			0.07 ***	0.02
年龄平方			0.00 ***	0
女性			0.04	0.1
汉族			-0.03	0.13
教育			0.17 ***	0.01
农民			-0.57 ***	0.1
子女特征（参照组 = 无孩子）				
有 0—6 岁孩子			0.04	0.16

续表

	模型 1（无条件模型）		模型 2（随机截距模型）	
	系数	标准误	系数	标准误
有 7—15 岁孩子			0.04	0.09
有 16—19 岁孩子			0.08	0.09
有 20 岁以上的儿子			1.10 ***	0.09
有 20 岁以上的女儿			0.21 *	0.11
截距	5.57 ***	0.28	5.66 ***	0.74
随机效应				
社区之间变异	4.94 ***	0.46	0.89 ***	0.11
家庭之间变异	5.40 ***	0.12	4.51 ***	0.10
群间关联度系数	0.48			
社区样本量	214		214	
家庭样本量	4152		4152	

由无条件模型可见，家庭经济状况因社区和家庭社会经济人口等特征而异。家庭经济状况（家庭拥有的耐用消费品的数量）在社区的变异（系数为 4.94）十分显著，同一社区不同家庭的经济状况高度相关。因此，采用多层模型是获得精确的参数估计的理想方法。

社区间关联度系数为 0.48。这表示，因变量的变异性中的 48% 来自社区（即群组变异），52% 来自社区内家庭之间（即群内变异）。

模型 2——随机截距模型——为考虑了上述家庭和社区变量对因变量的影响的回归结果。该模型表明，在其他条件相同的情况下，都市化程度越高，家庭经济状况越好。社区农业劳动人口比例越高、外出人口越多，家庭经济状况越差；相反，社区平均教育程度越高，家庭经济状况越好。此外，省际家庭平均经济状况差异也相当显著，与江苏省相比，样本中其他各省家庭经济状况都明显偏低。

从随机效应来看，与无条件模型相比，社区随机变量的变异值由 4.94 降到 0.89，家庭层次的随机变量的变异值由 5.4 将为 4.51。由此可以得出，模型 2 中，社区变量解释了因变量在社区层次变异的 82%（=1 − 0.89/4.94），家庭变量解释了因变量在家庭层次变异的 16%（=1 − 4.51/5.4）。因此，模型中未考虑的其他家庭特征对于理解因变量在家庭层次的变异极为重要。此外，模型 2 中社区与家庭层次随机变量的变异值仍显著，这表明模型遗漏了一些重要的社区及家庭变量。

结论：家庭经济状况的差异既与家庭的社会经济人口特征有关，也在相当程度上取决于其所处的社区的发展水平、城乡特征等。样本中各省的家庭平均经济状况存在重要的差异。

（本例由牛建林撰写。资料来源：杨菊华：《多层模型在社会科学领域的应用》，《中国人口科学》2006年第3期）

第四节　应用统计分析方法需要注意的问题

统计学的应用随着电脑及其分析软件的普及越来越广泛，在社会科学实证研究中几乎无处不在。有了一定规模的数据和一个统计分析软件，就可以很方便地进行各种估算和分析。然而由于统计分析方法本身并不像加减乘除那样简单，而一些统计分析软件已经发展到几乎是人人都可使用的程度，如果使用者在只知其然，不知其所以然的情况下操作并得到结果，可能出现对统计分析方法误用或滥用的现象。本节将讨论统计分析中比较常见的问题。

（一）描述性统计

描述性统计是社会科学实证研究中最常用的方法。准确、全面、正确的描述是所有实证分析的基础，如果对某个事件或某种现象的描述不清楚或存在偏差，那么其后的所有分析都将是值得怀疑的。一项研究能够将所研究的现象或对象描述清楚，就是一个极大的贡献；而描述的偏差可能会引起公众或学术界对某些社会现象的误解，甚至误导政府决策。但是因为描述性统计所用方法简单易得，往往没有得到足够的重视。

均值的局限

普遍用于描述样本集中趋势的测量之一是均值。它对于近似正态的对称分布样本来说是比较好的测量，对于不对称分布则不然，尤其会受到极端值的影响。两个分布完全不同的样本可能会有相同的均值，因此均值在某种程度上抹杀了样本内部的差异，而往往这种内部差异正是需要我们进行深入研究的，或应当引起人们注意的。为了弥补均值的这个缺陷，一般在报告均值的同时也报告方差，或用直方图/散点图的形式描述分布，以提请读者注意群体内部的差异。

不同群体的可比性

在描述性统计中，往往涉及对不同时期或不同人群的总体描述，以反映社会变化或地区差异。在社会科学中尤其是人口研究中，不少事件的发生都是与年龄密切相关的，如在报告流动人口犯罪问题时，给人的印象往往是流动人口犯罪率高于常住人口，但忽视了流动人口的年龄和性别构成与常住人口完全不同，且青年男性是犯罪率较高的人群。这种对两个不同群体的直接比较往往会导致错误的结论。

绝对数的使用

由于中国人口数量巨大，调查研究也比较容易得到大容量的样本，所以对任何小概率事件用绝对数报告都会出现惊人的巨大数字，单纯对绝对数的强调往往会产生戏剧性的效果。比较合理的方式一般是在报告某事件绝对数的同时，给出该事件的发生率或占研究人群的比例。

小样本的代表性

在一次抽样的小样本中求得的率或比例会非常不稳定，与另一次抽样的结果可能会有较大差距。因此当研究仅限于从小样本获得的资料时，应当在报告比例的同时也报告样本量。

（二）双变量统计分析

在社会科学研究中，首先分析的往往是两个变量之间的关系，如用相关或列联表等方法。一般在确定两个变量之间确实有某种关系，如在经过统计检验后证实两变量有显著相关关系，进行更进一步的分析才有意义。因此，双变量统计分析在实证分析中占有重要地位。但是，由于在应用中对有些问题的忽视，双变量统计分析也很容易出现偏差或错误。

卡方检验的局限

在利用列联表对两个定序/定类变量进行相关分析时，需要进行统计检验来判断两个变量的相关是否有统计上的显著意义。不少研究结果都用卡方检验的显著性报告相关状况。但值得注意的是，卡方统计量的计算本身是有局限性的，样本越大，卡方值就会相应增大，因此大样本的卡方检验很容易得到显著结果。所以一般在报告卡方检验结果以说明两变量是否显著相关时，还应当同时报告相关强度，即相应的相关系数，如 Gamma，Lambda 系数等。

统计意义上的显著与差别的实际意义

在检验两个定距变量的均值差别是否具有统计上的显著性时，也存在相似的问题。由于样本量越大，样本均值分布的方差就越小，因此常用的 t 检验结果就越可能显著，任何细微的差别都可能有统计上的显著性。但有时具有统计意义显著性的差异，在实际生活中可能意义并不大，如同在两个草堆之间找出一根草的差距，对判断两个草堆的大小没有实际意义。因此，对任何检验结果都应当有符合实际的解释和说明。

虚假相关问题

双变量分析中的虚假相关问题，几乎在所有关于社会科学研究方法的教科书中都会涉及，在统计分析方法的教学中也被视为经典问题。但是多少年来，人们仍然在不断地重复着这个“经典的错误”，即认为可见的或统计检验结果显著的相关就是真正的相关；更为大胆的做法是把这种相关关系推向因果关系。我们知道，对于有的变量来说，即使是经过检验判定两者具有统计上显著的相关关系，也不一定存在实际意义上的关系，因为可能有未考虑到的变量或不可测量的变量在同时对两个研究变量起作用，有时甚至可能完全是偶然的巧合。例如，火灾的大小是以火灾损失来衡量的，而参加灭火的消防员人数是与火灾大小有关的，火灾越大，出动的消防员就越多，但凡具有常识的人都不会根据出动消防员的人数和火灾损失两个变量之间的高度相关，断定出动消防员越多火灾损失就越大，因为火灾的规模是决定因素（但很难直接衡量）。在分析相关关系时，应当根据理论、知识、经验，甚至常识来判断这种分析是否有意义、是否存在其他变量的作用（称为外在变量），避免得出有悖于常理的分析结果。有些虚假相关是可以通过统计分析方法判别的，如在控制了另外一些变量后观察两个变量的偏相关，或在双变量分析的基础上，进一步用多变量分析深入研究。

（三）多变量分析

回归分析是多变量分析中应用最多的方法，尤其是 logicstic 回归更是被广泛地应用。在众多应用中，比较明显的问题是使用方法是否得当和对结果的报告和解释是否规范、合理。此外还有一些应当引起注意的问题。

分析框架的重要性

在社会科学研究中，各变量之间往往存在错综复杂的关系，如果在进行回归分析之前没有一个清晰合理的分析框架，那么回归的结果有可能会引起质疑。一般应在报告回归分析结果之前，介绍该分析的框架，如各变量的定义、各自变量与因变量的假设关系及其理由等，对建立的回归模型做出合理性论证。有一些变量可能是作为控制变量纳入回归模型的，如性别、年龄等，最好事先解释清楚。对假设因果关系的模型，应当至少能够说明：（1）该因果关系在理论上是正确的、在实践中是合理的；（2）从事件发生的时间上来说，应当是原因发生在先、结果发生在后。如有些回归分析中，未加说明即把所有与因变量显著相关的变量都囊括在自变量中，甚至有些自变量与因变量有明显的互为因果关系，显得分析逻辑混乱；还有的论文在简单介绍研究背景和数据来源之后，急于建立因果关系并推出回归分析结果，然后再根据各变量在回归模型中的显著性一一说明，这相当于事后解释；这些做法都是错误的。

在统计软件较易操作的今天，转瞬间就可完成一次回归分析，但是在此之前，需要有大量的前期准备工作，包括文献检索和理论框架构建，才能确保统计分析的科学性。

分析方法应用的条件

每种多变量方法都有各自的前提条件或假设，如果这些条件不具备或者假设不成立，该方法的应用就成问题。如 Pearson 相关是考察线性相关关系，多元方差分析只能辨别线性相关因变量的多元差异，线性回归分析假设自变量与因变量之间为线性关系，因子分析方法也是建立在各变量具有一定的线性相关基础之上的；另外，在 logicstic 回归中，每个分类都应保证有足够的频数，如果频数太少就会影响参数估计的稳定性；等等。尽管一般不在报告分析结果时说明各种假设是否成立或条件是否满足，但是在进行分析时应当自觉地进行考察。如果不能满足条件或假设不能成立，就对数据进行转换或调整后再分析，或者改变分析方法。

多变量分析结果的展示和解释

多变量分析的结果一般是通过列表来展示的。现在一种并不少见的做法是直接把统计软件的输出直接复制到论文中，我们往往会在文章中看到包括回归参数估计、参数标准差、检验统计值、检验显著性、偏相关系数，等等 n 行 m 列的大表，使人有目不暇接的感觉。实际上有些结果（如参数标准差和检验统计值）只是对分析者理解模型拟合和变量作用有重要意义，没有必要全部列在结果中。

对多变量分析结果的解释和讨论更为重要。在列出分析结果之后，应当对结果的实际意义进行解释和讨论，而不是复述分析结果的数学意义。此外，在介绍和讨论多元统计分析中一个常见的问题是，分析者对变量作用不具有预期统计显著性感到失望，因此绕开不显著的变量，甚至对数据或模型进行各种调整以获得显著结果。其实，统计分析结果不显著往往也是有实际意义的。例如在分析 1998 年我国高龄老人的地区分布时发现，高龄老人比例与当地医疗卫生指标没有显著关系，这说明我国医疗系统还没有具备延长老人寿命的功能，另一方面也说明这些高龄老人的存活不是主要靠医药维持的。所以，在解释分析结果时，只要是在分析框架中涉及并参与分析的变量，无论作用显著与否，都应当给予充分的讨论；对于那些由于知识或信息的限制难以下结论的结果，可以作为问题提出，以便进行更有针对性的进一步研究。

此外，任何方法都有其局限性，分析结果也不会十分完美。因此在讨论结果的同时，也应当就此向读者说明。例如当一个多元线性回归分析的确定系数较低时，需要指出该模型有限的解释能力，探讨可能存在但没有纳入分析的更重要的影响因素。

不必求最新、只求最合适

有些研究生在撰写学位论文时，常常因为自己没有应用最新的统计分析方法而感到忐忑不安；在评论某项研究的创新性时，有时也出现把学术创新和应用新方法混为一谈的现象，例如认为应用描述性统计方法的研究水平低于应用解释性或预测性方法的研究。这种看法有舍本求末之嫌。随着技术的发展和社会问题的日益复杂化、多样化，解决这些问题的新方法是层出不穷的。但是，出现了新方法并不意味着传统方法就不再适用。其实统计分析方法只是工具，哪件合适就用；能用锤子解决的问题不必开冲床。而且，往往越是复杂的方法，假设条件也会相应较多，应用的局限性更大。因此，盲目追求方法的新颖并不是高水平研究的保证，真正需要注意的是使用最合适的方法。而对所用方法的真正了解，是正确运用统计分析方法的前提。

本章小结

- 收集到定量数据后，控制问卷录入阶段的错误是提高数据质量的第一个关键环节。应用录入程序和两次录入都是减少录入错误的手段。
- 研究者直接收集的数据应在使用前进行数据清理，并在清理后提供数据说明文件。
- 无论使用研究者直接收集的数据还是他人收集的数据，对数据质量的评估至关重要。数据质量评估主要有两方面内容：样本的代表性，主要变量的有效性与可靠性。
- 使用二手数据前，应对数据来源、数据收集和数据质量有足够的了解，需要根据研究需求对数据质量进行评估。
- 定量数据的集中趋势和离散趋势的描述有多种指标。选择描述指标和展示方式需要考虑研究目的、数据类型和变量分布。比较多个群体差别时，需要考虑关键变量结构对可比性的影响。

● 本章对定量数据分析方法的介绍主要包括应用于双变量分析的交叉表和相关分析，应用于多变量分析的线性回归、logistic 回归和分层模型分析。

思　考　题

一、名词解释

数据质量　数据清理　数据描述方法　集中趋势　离散趋势　多变量分析方法

二、论述题

1. 如果您计划为自己的研究收集定量数据，在哪些环节可以控制数据质量？

2. 本研究领域的主要数据来源有哪些？请举例说明，并对数据质量进行评价。

3. 在您经常阅读的研究文献中，较常见的数据描述方法是什么？

4. 选择几篇文献，分析数据描述方法是否有效表达了关键信息？

5. 在多变量分析中，您比较熟悉和常用哪些方法？在您选择数据分析方法时，主要考虑哪些因素？

6. 是否应用较复杂的分析方法能够更有效地达到研究的目的？

参考文献

1. 白建军：《刑法规律与量刑实践：刑法现象的大样本考察》，北京大学出版社 2011 年版。

2. 边燕杰、李路路、蔡禾：《社会调查方法与技术：中国实践》，社会科学文献出版社 2006 年版。

3. 郭志刚：《社会统计分析方法——SPSS 软件应用》，中国人民大学出版社 1999 年版。

4. 袁方主编：《社会统计学》，中国统计出版社 1998 年版。

5. 曾毅、张震、顾大男、郑真真：《人口分析方法与应用》，北京大学出版社 2011 年版。

6. Agresti Alan & Barbara Finlay 1997，Statistical Methods for the Social Sciences，Prentice Hall，Inc. 第十章（交叉表分表分析）。

7. Goldstein, H. 1995, Multilevel Statistical Models. (2nd ed.). New York: John Wiley.

8. Hosmer, David W. & Stanley Lemeshow 1989, Applied Logistic Regression, Wiley.

9. Hox, Joop 2002, Multilevel Analysis: Techniques and Applications, London: Lawrence Erlbaum Associates, Publishers.

10. Jaccard, James, Robert Turrisi & Choi K. Wan 1990 Interaction Effects in Multiple Regression, Sage Publications 第一章（交叉表分表分析）。

11. Kreft, I. 1996, Are multilevel techniques necessary? An overview, including simulation studies. Unpublished Report, California State University, Los Angeles. Available at http://ioe. ac. uk/multilevel.

12. Kreft, I. & J. de Leeuw. 1998, Introducing Multilevel Modeling. London: Sage Publications, Inc.

13. Long, J. Scott 1997, Regression Models for Categorical and Limited Dependent Variables, SAGE Publications, Inc.

14. Raudenbush, S. W. & A. S. Bryk. 2002, Hierarchical Linear Models: Applications and Data Analysis Methods, Second Edition. London: Sage Publications, Inc.

第五章　定性研究方法

内容提要

1　定性研究的特点和主要方法

2　定性数据的收集

　观察法

　访谈法

　专题座谈会

　选题小组讨论

3　定性数据的整理、评价与分析

　定性数据的质量评价

　定性数据的处理与分析

　定性分析软件的应用

第一节　定性研究的特点和主要方法

定性研究方法所收集和分析的数据主要来自观察或访谈记录、文献资料或图片、影像、实物等非文字资料。这些资料来源或是研究者在实地收集，或是应用已有资料信息。与定量研究的资料收集方式不同，定性研究的资料收集大多发生在现实的环境中，研究者与被研究者更为接近，且研究者往往试图用局内人的观点去了解人、价值、符号、信仰等，研究的焦点往往是人与某种特定场景、其他人或物的关系；有时在比较复杂的形势下，各种因素或不同现象互相关联，必须从总体上同时全面调查，而应用标准化的定量测量工具难以满足这种要求。

定性研究的实地调查往往有以下特点：

（1）一方面，研究者需要直接了解事件的所有细节；另一方面，研究者需要全面勾画出一件事物或一个问题的各个方面极其错综复杂的关系，而不仅仅是描述某个现象或状况；

（2）调查活动需要在真实场景中了解人们的日常活动，直接面对所研究的人或事；或者说，是在“自然环境”中观察普通事情，而不是在实验室环境下通过操纵或干预获取数据；

（3）研究所需要的信息往往来自不同渠道，从不同的视角观察一个问题，如访谈身份不同的当事人；

（4）收集不同类型的资料综合分析，而不仅仅依赖一种类型的资料，例如通过访谈、观察和相关文件从多方面研究一个问题，应用多维度的信息相互印证；

（5）数据收集方法的设计往往较为灵活，可以根据研究进程随时调整，如果有必要的话甚至可以改变方法，例如改变或增减访谈提纲中的问题，改变数据收集方法，转换访谈对象，甚至改变调查地点。

这些特点也正是定性研究实地调查的优势，这类方法使研究者能够接近研究对象和研究场景，能够对研究内容有深入了解，同时还相对灵活，不必按部就班，甚至可以转变调查方向。但是从另一方面看，定性研究实地调查也有明显的局限。例如，定性信息难以对事物或人群有精确的描述；因为观察和访谈结果会因研究者个人技能和偏好而不同，而且难以重复，所以收集信息的可靠性会受到影响；由于定性实地调查往往只能了解一个小群体或数例个案，研究发现不宜推广①。此外，与定量研究相比，由于定性研究更直接与研究对象接触，需要特别留意科学研究的伦理问题，无论是研究主题、研究过程和研究结果的发布，都需要时时顾及到尊重他人、不伤害他人利益和公正的基本原则。

定性研究的方法根据信息收集方法确定，这些方法主要包括观察、访谈、专题座谈、实物收集以及其他方式等。这些方法的一个共同特点是研究者本人需要进入调查地点，甚至参与到研究场景之中，参与研究对象的日常工作生活，或者调查过程也需要研究对象的参与，因此在定性研究中往往将研究对象称为“参与者”而不是被动的被研究者。与定量研究方法的数据收集完成后再进行数据分析不同，在定性研究中，研究者在数据收集过程中也在不断地更新自己的知识，并基于这些知识调整研究方法、研究方向或研究主题，常常很难将定性信息的收集和分析工作明确分割。

---

① 不过已有讨论通过扩展个案方法摆脱这种局限，参见卢晖临、李雪《如何走出个案——从个案研究到扩展个案研究》，《中国社会科学》2007 年第 1 期。

根据定性研究方法的特点，可以将实地调查分为几个主要阶段：

（1）选择主题：定性研究的主题选择并不仅仅发生在进入调查现场之前，往往随着研究者在调查现场停留时间的推移，研究主题会越来越明确，即随着调查开展的进程和信息的获得从较为模糊概括的主题渐渐聚焦到更为明确具体的主题，或从一个主题产生多个分支。

（2）选择收集信息的类型和方法。

（3）选择地点：调查地点的选择与“立意抽样”相似，根据研究主题和研究内容选择最适合的地点；同时考虑到信息收集的有效性和可靠性问题，应选择信息相对丰富的地点。此外，研究者往往是这个研究场景的外人，研究地点是否容易进入是需要考虑的重要因素，此处的“容易进入”不仅指交通和地理上的可及性，也指在文化上较容易被研究对象接受，包括交流语言问题、了解当地风俗民情等。

（4）进入：研究者进入调查地点并可以在这里停留足够长的时间，与各种人群接触或参与当地日常生活，需要得到“守门人”的允许，而不宜“擅自闯入”；“守门人”可能是地方权威、公司主管或部门领导；研究者需要介绍自己的研究目的、研究内容和研究方式，在得到守门人同意的情况下进入调查现场。

（5）建立关系：研究者在进入调查地点之后，通过与当地人的谈话以及自己的衣着和行动介绍自己，消除当地人对研究者的陌生感，与研究对象建立互相信任的关系。

（6）收集信息：在定性研究中，研究者本人一般都要收集信息；如果说定量调查中的问卷是测量工具，那么在定性调查中研究者本人就是测量工具；为了提高信息的有效性，研究者需要在信息收集的过程中保持警觉、敏锐、客观，同时还要注意不干扰真实的生活或工作场景；而为了改善信息的可靠性，往往采用多种类型信息收集和多名研究者同时收集信息，以便在分析时可以相互印证。

第二节　定性数据的收集

定性数据收集的主要方法有观察法、访谈法、专题座谈、实物收集以及其他方式，也有不少研究的数据收集是这些方法的结合。与定量研究具有明确的数据收集、数据整理和数据分析阶段不同，定性研究中的数据收集往往与数据资料的分析研究阶段相重合，因而下面介绍的主要数据收集方法，也在很多文献中被称为定性研究方法。不过笔者认为，这些方法的不同之处主要在于数据收集阶段，而在前期准备和数据整理与分析阶段则都有定性研究所特有的共同特点。

（一）观察法

观察法是通过研究者在调查现场的观察收集定性资料信息，这是当研究对象无法或不愿用语言表达，或用语言难以准确描述和报告时，最常采用的定性数据收集方法。

观察法收集的内容可以根据事先拟定的内容做结构性的观察记录，在对观察内容有较充分了解的情况下，甚至可以事先将观察内容编码，易于记录；也可以采取无结构的记录方法，但在进入现场之前应当对观察内容有所准备和预期。研究者可以随时用文字或图像记录发生的事情，也可以事后根据回忆整理记录；观察的内容既包括文字、实物、空间格局、建筑等静止场景，也包括非语言行为、语言内容以及非文字的语言特征（如语气、语音、语速等特征）等一切对研究有意义的内容；而对观察时间的掌握则需要因观察的事物而定，时间太短无法全面了解研究内容。

观察法对信息的记录往往采用表格式的观察表，表头记录观察的日期、时间、地点等信息，表中的行是需要观察的内容，每行至少由两列组成：一列描述观察者所看到和听到的信息，如对场景、人物、对话、活动等的描述；另一列则是观察者根据所闻所见而发生的感想、发现的问题或某种印象等。这种记录方法既可以保留观察的“原始”记录，又可以随时记下研究者的想法、推论或评价，且两者不会混淆。

与其他定性数据收集方法有所不同的是，就与研究场景的融合关系而言，研究者在观察法中可采取不同的身份：（1）研究者完全以局外人的身份观察，不参与到研究场景、活动和人群中；（2）研究者兼具观察者和参与者的身份，在现场既观察也参与，不过主要是以观察者的角色参与；（3）研究者也作为参与者，完全参与到研究场景和活动中，但是其他人都知道研究者的身份；（4）研究者完全以局内人的身份参与到研究场景中。研究者的不同身份，有可能引起被观察者的不同反应，例如完全以局外人身份出现的观察者有可能使研究对象调整或改变自己的行为或语言，而不表明身份的完全参与则有可能获得更为真实的信息。

观察法通过研究者在研究现场的直接观察或亲身经历，获得第一手资料，因此信息偏差较小。但是，观察法也存在明显的局限性。首先，对于捕捉信息而言，研究者具有人类所有的局限性，如对观察内容的选择性

（只观察自己感兴趣的）和敏感程度，而在观察现场停留时间较长后，可能因对环境的习惯而导致洞察力减弱，因而对需要捕捉的信息“熟视无睹”；又如人的感觉敏锐程度与自身的经验有关，不同的研究者有可能对相同事物的观察结果不同。多人组成的具有不同经历和技能的研究团队同时参与实地调查，有助于克服研究者自身的局限。其次，除了研究者完全以局内参与者的身份进行观察，其他情况下，由于被观察对象意识到研究者的在场，有可能改变行为或导致整个观察氛围有所改变。

（二）访谈法

访谈法包括面对面个人访谈和电话访谈，不过在社会科学中面对面访谈更为常用。例如电话访谈看不到对方的表情和反应，难以进行及时的感情交流和沟通，可能会影响访谈效果。一般在社会科学中提到的访谈法多指面对面的个人访谈。由于个人访谈可以有针对性地深入探讨某个问题，也有文献将较为深入地按照某个主题进行的个人访谈称为深度访谈（in-depth interview）。

访谈法可以分为结构性访谈或非结构性访谈。结构性访谈是指在访谈之前拟定了访谈提纲，列出必须通过访谈要回答的问题，并标明需要深入讨论或进一步询问的问题。在多名研究人员进行访谈时，最好事先准备好访谈提纲，使不同的研究者能收集相同内容的信息，尤其保证不会漏掉关键信息，同时也方便此后的数据分析。虽然访谈可以录音甚至录像（在得到对方同意后），但是现场记录必不可少，因为访谈过程中的非语言文字内容有助于还原或理解对话内容。

研究者在访谈中大部分时间的角色是一个倾听者，努力去倾听访谈对象所表达的话语以及话语中隐含的内容，并尽量理解这些内容，尤其是对于一些缺少话语权的特殊群体或弱势群体。如 Devault① 曾经以女性研究的经历讨论了如何站在女性的角度去交谈和倾听，因为“语言经常与女性的实际生活经验不一致”，所以需要特别留意那些难以用语言表达的成分和内容，从那些看似琐碎的日常生活经历中发现问题、挖掘主题。

访谈法中较为关键的是选择合适的访谈对象。访谈对象应当熟悉数据收集所涉及的内容，且有足够的时间参与访谈。通过事先调查或咨询熟悉现场的相关人员有助于访谈对象的选择。应该访谈多少人算足够，是不少

① Devault, Marjorie L. （1990）Talking and Listening from Women's Standpoint: feminist strategies for interviewing and analysis. Social Problems, Vol. 27 （1）: pp. 96—116.

初次涉足访谈研究的人经常提出的问题。事实上定性研究不像定量研究那样有较为严格的样本估算方法，而是依据访谈目的决定访谈人数，一种经验做法是当访谈内容不再增加新的信息时就停止访谈。除了对某一个案的深入研究外，一般来说，应当有足够数量的访谈对象涵盖不同类型，而且需要避免只访谈特殊个案而忽视了访谈对象的代表性。不过，访谈法具有定性研究方法所特有的灵活性，如果研究者发现有重要的环节需要补充，可以适当增加访谈对象，收集更多的信息以满足研究的需求。

访谈地点可以是生活或工作场所，如住户内、田间地头、店铺中等，也可以约定时间地点，在访谈对象认为合适的时间和较为舒适的场所开展访谈。

访谈法的优点是能够请访谈对象直接回答研究者的问题，并有进一步深入探讨这些问题的条件，从而了解不同个体的独特看法、观点和经历，而且还能够了解到无法在现场观察到的历史信息。此外，由于访谈是两个人面对面的谈话，可以了解更多个人的想法和较为私密的信息。个人访谈的主要局限在于，研究者所了解的信息都是通过访谈对象的叙述得到，而不是直接获取的，有可能被访谈对象过滤或扭曲；此外由于访谈过程是两人的互动过程，研究者的技能和反应可能会影响对方（甚至有引导作用），从而影响访谈效果。

（三）专题座谈会

专题座谈会（focus group）也被译为“焦点小组”。其实“group”在此的作用似乎是指研究者和一群人座谈，以区别于一对一的访谈。与个人访谈注重收集个体的信息不同，专题座谈会的主要目的在于通过座谈会参与者的叙述和讨论，以了解一个群体的状况、行为、观点或经历，尤其是被这个群体中的大多数所认同的观点。

专题座谈会需要有明确的主题和预先设计好的座谈提纲，在座谈过程中需要把握主题、引导参与者围绕座谈提纲积极参与讨论，避免使座谈会开成集思广益的“神仙会”或长篇大论的“报告会”。

专题座谈会一般由主持人和记录员两人分别负责引导讨论和记录，主持人需要调动参与者的积极性，围绕主题开展讨论；记录员则需要将讨论内容完整记录，包括会场气氛、说话语气、手势、表情等非文字内容，以及参与者对关键问题的分歧与共识等，特别注意避免记录成“总结”形式、丢失了原始信息。如果条件允许，最好有现场录音，记录员可以事后根据录音来整理和完善笔记；但是，仅靠录音而不作现场记录则可能丢失重要的非语言信息。

专题座谈会的参与者人数最好控制在10人以内，避免出现过多人参加但轮不上发言，或发言过于踊跃而难以掌控，不能对问题有更集中讨论的局面。参与者的构成则可以有不同设计，选择座谈会的参与者与研究目的和座谈会需要了解的内容密切相关。一种设计是强调参与者具有某种共同的特征，如将女工与男工分为两组，将已婚者与未婚者分为两组，这样在一个座谈会中的参与者有更多共同语言，容易对一个问题开展讨论；另一种设计则是考虑到参与者的多样性，这样在一个座谈会中能够听到不同的声音。专题座谈会参与者的选择需要由研究者提出具体要求、依靠调查点当地的组织和配合，既要避免有早做准备、座谈时进行“主旨发言”的善言者主导整个座谈会，也要避免冷场或争吵的情况。

座谈会的地点一般选择在参与者比较熟悉且易于到达的地方，如社区中心、工作单位的会议室等。座谈会现场应安排得轻松友好，使参与者能够放松。座位的安排应使大家都能相互看见（如围坐），既有利于参与者的交流也使主持人和记录员易于观察，如果有条件还可以提供适量茶点。如果安排不当，有可能影响座谈会的效果和质量。例如有研究项目在青年工人中组织座谈会，发现在厂区以外（如在研究者住宿的宾馆）组织的座谈会上，同一组青年工人会反映更多的有关厂方管理问题的负面意见，而在工厂的会议室中座谈时，则极少有人谈到这些内容。

研究者通过组织专题座谈会能够直接倾听和观察研究对象，获得较为真实的文字资料，其优点和局限大多与访谈相似。所不同的是，通过访谈可获得更具有个人特点的信息，通过专题座谈所获得的信息对该研究群体更具有共性。此外，与个人访谈相比，座谈会可以在较短的时间内获得比较丰富的信息。

需要注意的是，如果座谈会的参与者是有偏的选择，则会使收集到的信息产生严重偏差。因为座谈会一般都需要事先设计好，增加座谈会并不像增加个人访谈对象那样容易，因此合理选择座谈会参与者对于数据收集质量而言，显得更为重要。

（四）选题小组讨论

选题小组（nominal group①）讨论的方式与前几种方法略为不同，其特

① 有关议题小组方法更为详细的介绍，可参见 Randall B. Dunham: Nominal Group Technique: a users´guide, University of Wisconsin（http: //instruction. bus. wisc. edu/obdemo/readings/ngt. html）。

点首先是将研究的参与者置于主角位置，相当于所有参与者在研究者主持下针对某个决定或问题的决策过程进行讨论，参与者往往是项目管理者或来自不同部门的决策者，或来自不同学科的研究人员；其次，这种讨论是遵循一个事先制定好的结构，有清楚的步骤。

这种方法是通过分步骤的形式，集合所有参与者基于自己的知识和经验对某个问题或决策的判断，在相对较短的时间内获得尽量多的信息。这种方法可避免不同领域/学科之间长时期的发散讨论，也可避免由权威人士主导整个讨论而无法使所有参与者充分发表意见的局面。在制定应用项目或研究计划、决定项目行动或研究内容的优先序时，这种方法尤其有效。

选题小组讨论的主要步骤为：

（1）开场介绍：主持人介绍选题小组的方法和即将讨论的主题，明确需要所有人思考和回答的问题；最好集中在一两个问题上，否则会使后面的工作难以聚焦、非常繁杂。

（2）写出想法：请每个参与者独立思考，将个人对该问题的想法/意见/答案写下来，不相互讨论。

（3）收集和记录：主持人收集每个人的意见后，以小组成员都能看到的方式逐一列出所有想法/意见/答案，并对它们进行简单归类或汇总，以便下一步讨论。

（4）讨论：全组共同对每一条想法/意见/答案进行讨论，例如这个问题为什么重要、为什么会有这样的建议等，通过讨论进一步澄清或梳理这些想法，逐渐对一些主要意见达成共识。

（5）主要意见编号：将讨论结果产生的主要意见归类合并后编号列出。

（6）投票表决：每个人按照自己的判断为讨论结果的主要意见排优先序，进行匿名投票；票面由两列组成，一列是主要意见编号，另一列是对应该项的重要程度得分，最重要的为10分，其次为9分，最不重要的为1分；要求投票不得超过10条意见，每条分数不得相同。

（7）计算并报告结果：计算每条意见的得分和排序（具体计算方法参见例5.1），并由此得到选题小组的讨论结果；主持人报告结果后，听取参与者的反馈意见；选题小组的讨论过程和结果都应有详细记录。

定性研究方法的数据收集还有其他更多方式，例如叙事研究（narrative research）是通过参与者自己以讲故事的形式或角色扮演的形式讲述一段经历或某个事件的过程，收集官方或私人文件、图片或影像以及实物等方式。例 5.2 介绍了请研究对象参与到研究中，用他们的视角摄影并加以说明的方式（即“摄影故事”，Photo novella）。

例 5.1　选题小组讨论：制订项目计划

21 世纪初在某城区开展的一项为期 5 年的国际合作项目，旨在探索当前社会经济新形势下，如何在城市中开展人口和计划生育工作，并能有所创新。项目办公室以选题小组的形式，组织区级相关政府部门和非政府组织 14 人一起讨论项目期间的重点工作和主要难点。按照以上介绍的选题小组讨论步骤，参与者讨论出未来工作的 10 个主要难点，并排出解决问题的优先序。讨论结果见表 5.1。表中的项目按总分排序，表中分数的算法为，每小项的被乘数是得分，乘数是得这个分的票数，其中有两项总分相同。即使没有参加选题小组讨论的读者，也可以从这个结果看出，在某些问题上参与者的意见比较集中，如总分排第一的流动人口管理服务问题，而在另一些问题上则相对分散，如排序第五及以后的内容。选题小组讨论结果最后形成报告，供制订项目活动计划参考。

表 5.1　　选题小组讨论结果实例

编号		排序	得分	总分
1	流动人口管理和服务	1	10×5＋（9＋8）×2＋7	91
3	开展个性化服务	2	10×2＋9＋8×2＋6＋5＋4＋2＋2＋1	65
2	人户分离管理	3	9×4＋8＋7＋4＋1	56
12	青少年性与生殖健康教育	3	8×3＋7×3＋4＋3＋2＋2	56
7	加强非政府组织的作用	5	6＋8＋3＋6＋5＋7＋5	40
6	加强和改善计划生育的宣传	6	10＋10＋7＋9	36
14	对弱势群体的服务问题	7	2＋5＋6＋7＋5＋6	31
11	加强婚育的科学指导	8	9＋2＋4＋9＋2＋4	30
9	计划生育服务产业化、社会化	9	5＋7＋6＋8	26
16	项目经费落实问题	10	5＋4＋6＋3＋6	24

例 5.2　“摄影故事”：用照片反映云南农民妇女的心声

1991 年一项多部门协作的国际合作项目在云南启动，项目旨在制定云南妇女生育健康及发展规划，为满足最穷困最边远地区农村妇女的生育健康需求打开新局面。该项目选择了两个县开展一系列调查研究，了解农村妇女的生育健康需求，“摄影故事”就是调查方法之一，目的是了解农村妇女最关心的问题，特别是健康问题。

在欠发达的农村地区，大部分妇女往往受教育程度不高，虽然为家庭和社会作出了很大贡献，她们的需求却很少受到别人注意，妇女也较少表达自己的需求（一方面是极少有机会，另一方面是不知如何表达）。“摄影故事”这种方法，就是将照相机交给这些平常较少受到决策者注意的农村妇女，请她们用自己的眼光来记录和反映自己的生活和需求，使外界对她们的实际情况有所了解，表达她们最想告诉别人的信息。这种方法不仅能够收集并传递生动的图像信息，还能通过收集信息的过程，发挥参与者的创造力，为她们提供自我表达的机会。

研究者首先培训了 62 名来自不同自然村的农村妇女，这些妇女中有少数受过初中或更高教育，许多人没有上过学。培训内容是介绍研究目的，介绍摄影故事这种方法，讨论照什么、如何选择摄影对象，摄影表现的是什么，并教妇女如何使用照相机，如何取景、如何能有更好的效果等。

在这些农村妇女回到自己村摄影后，研究团队对她们还进行了访谈，请她们挑选自己认为最有意义的照片。所有挑选出来的照片都附有说明。其后，这些照片在当地和昆明举行了展览会，向省和县的项目领导小组演示并加以说明，使决策者和广大公众了解云南农村妇女的现实生活，使面向妇女的农村发展项目以另一种方式倾听妇女的诉求。

研究者举例说明摄影故事对决策的影响。在妇女用照片和说明表达需求后，项目领导小组作出决定，增加或调整了一些项目举措，例如：（1）为农村幼儿提供日托，减轻母亲同时要顾及家务和田间劳动的负担（图 5.1 为该书中的一幅照片及说明，反映了幼儿无人照料的问题），降低幼儿无人照料造成的伤亡风险；（2）训练当地助产士，在紧急情况下可以帮助用新法接生；（3）为没钱上学和成绩优良的女生提供奖学金（鉴于当地即使经济情况较好的家庭也有要求女孩在家帮忙而辍学的情况，项目意识到这不仅是最贫困家庭的问题）。

（资料来源：王绍贤、李湞主编《云南农村妇女的心声：生育健康需求评估》，北京医科大学、中国协和医科大学联合出版社 1994 年版）

图 5.1　“摄影故事”作品之一

图片说明：画面上的两个小男孩是兄弟，哥哥在给弟弟喂饭。作者：朱玉珍 42 岁，澄江县海口乡农民

（资料来源：王绍贤、李演主编《云南农村妇女的心声：生育健康需求评估》，北京医科大学、中国协和医科大学联合出版社 1994 年版）

例 5.3　访谈、照片与实物：记录中国妇女的民间艺术世界

在民族艺术的发展历史中，民间艺术是各类艺术的“母体”，而民间艺术又与女性，尤其是农村妇女有着紧密的联系。由于在人类社会演进中“男耕女织”的生产和生活方式，女孩从小就从长辈那里学习剪纸绣花等技能，并成为她们日后生活中的一部分。她们的艺术创作与生活内容紧密相连。为了真实展露女性民间艺术的特色、女艺术家的创作才能以及她们的心路历程，北京大学妇女研究中心组成了课题组，聘请北京大学、中央民族大学等 11 所高等院校的研究生和本科生 130 多人作为采访员参与项目。

采访员在接受项目的集中培训后，带着学习到的社会知识和社会性别视角，利用假期回家探亲之机，深入到故乡周围的城乡社区，走进民间女艺术人的生活世界，倾听她们的述说，拍摄她们的制作场景和作品。采访员本着尊重平等的理念，采用半结构式的访谈，以他们的真诚和大学学生的身份，较容易得到访谈对象的信任与合作。

课题组从百余万文字、上千幅人物及其作品图片、百余位被访女性中，选取了具有精湛民间技艺和特色人生的 80 位妇女。根据她们的创作工艺品照片和访谈记录，课题组最终出版了“我的民间艺术世界”一书，生动地记录了80位女性的人生述说。以该书的首篇“林桃：百岁花姆誉漳州”为例，记录了这位1905年出生的老人从她三岁做童养媳起的人生经历，不过一页纸的篇幅，简要生动地重现了老人的人生经历和艺术生涯。作者在后记中介绍了采访老人的情景，介绍了老人的艺术成就，还简单介绍了当地这个“剪纸之乡”的艺术品特色，最后注明访谈地点、访谈时间和访谈整理者。与文字一起还附有老人的照片和她的剪纸作品照片。

这是一种混合式的收集定性资料信息的方法，既有访谈，也有观察，还有照片及实物。所有的方法都是为了一个目的服务，即忠实记录妇女的民间艺术和她们的经历和感受。

（资料来源：魏国英、祖嘉合主编：《我的民间艺术世界——八十位女性的人生述说》，北京大学出版社2007年版。）

第三节 定性数据的整理、评价与分析

分析定性数据的基础是有完整的、按照一定规律记录的信息，尤其是多名研究者参与的实地调查，需要有共同的记录规则，以便整个团队可以分享所有的定性资料。现场记录往往即是供分析的原始资料，有时可能需要事后补齐因时间关系来不及记录的部分（如访谈或座谈中的对话等）或研究者的感想和评论，但不宜距离数据收集时间太长。

一 定性数据的质量评价

与定量调查数据相比，对定性资料的质量评价并没有明确的指标或规则，而是主要根据研究者的主观判断和已有研究成果所提供的信息。

对定性资料有效性的评价是考察该资料在多大程度上反映了实际情况。评价定性资料的有效性，可以应用多视角资料收集、多种资料来源、研究团队共同讨论调查结果并检查可能发生的偏差、向研究团队以外的同行或当事人报告调研结果听取反馈意见等方法，尤其针对出现与常识或预期结果相悖的疑点和问题的内容充分讨论。

对定性资料的可靠性评价主要来自对该资料的内部一致性和外部一致性的判断。所谓“内部”一致性是指对同一件事物或同一个人的描述是否前后矛盾，“外部”一致性是指多人所收集的资料是否可以相互印证，或者一项研究收集的资料可以得到来自其他研究结果的佐证。

二　定性数据的处理与分析①

定性数据分析与定量分析中将概念转化为可操作的测量过程相反，定性分析从收集到的信息中形成新的概念或提炼概念，再围绕概念和主题整理和分析资料。

定性资料的分析可以分为三个阶段：原始数据收集整理、数据处理和数据分析。这三个阶段包括了定性资料的检查、梳理、分类、评价、比较和综合的过程，且这三个阶段并不是截然分开、互不相关的，而是相互之间有紧密的联系。图 5.2 以三种数据形态为核心，显示了这个过程。

图 5.2 中的数据 1 为原始数据，是研究者在调查现场的亲身经历和未经过处理的原始信息，并不包括研究者自己的感受和评论；数据 2 为研究者记录的数据和经历，除了原始数据之外，还有研究者所记录的情绪、事后感受、评论等附加信息，实际上数据处理在这一步已经开始了；数据 3 为最终报告中呈现的经过选择、处理和分析的数据。

在定性资料的整理和分析中，编码是关键环节。研究者通过对定性资料的编码，将原始资料按照概念进行组织和归类，避免陷入大量细节中而找不到要点。编码的具体操作较为灵活，视研究目的、研究者的知识和经验而定，没有固定结构或步骤，对初次涉足定性研究的人来说也比较难掌握。图 5.2 在数据分析步骤列出了三种编码方法：

1. 开放编码：这是对完整资料的第一次整理和归类。研究者在阅读资料的过程中，记下主题和关键词，在资料中相应的位置作出明显的标记以便查找，最终可以形成一份主题清单。在开放编码时，可以遵循理论框架，也可以采取更为灵活的方式，不受框架局限。

2. 轴心编码：这是处理资料的第二个关键环节。开放编码的主要产出是一份主题清单，轴心编码则将注意力转向这些主题之间的关系，如因果关系、条件与互动、策略与过程等更为复杂的问题，将概念归类或分级，进一步组织思想或主题，寻找和确定关键概念的主线。事实上，研究者在这个步骤时就应考虑研究论文的主题了。

3. 选择编码：研究者根据上一步选择的关键主题，再次回访此前的编

① 本部分内容主要根据 Newman（1997）的相关内容编写。参见 W. L. Neuman. Social Research Methods—Qualitative and Quantitative Approaches. 3rd edition. Allyn and Bacon，1997；中译本：L. 纽曼：《社会研究方法——定性和定量方法》，中国人民大学出版社 2007 年版，第 560—569 页。

码，根据相应的概念和主题选择研究所需要的个案或记录，应用这些选择出来的资料围绕主题进行叙述、分析、比较和讨论。

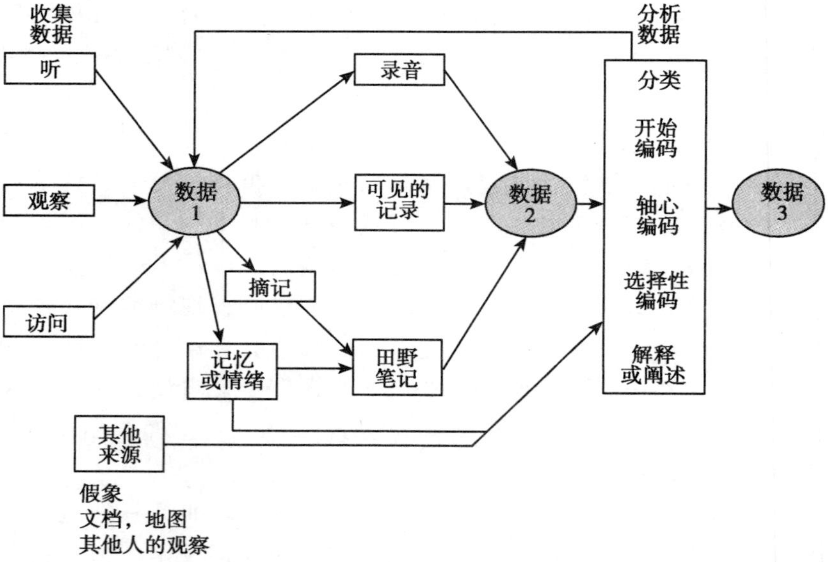

图 5.2　定性数据的整理过程

（转引自 L. 纽曼《社会研究方法——定性和定量的取向》（第 5 版），郝大海译，中国人民大学出版社 2007 年版，第 570 页。）

定性分析软件的应用

借助计算机软件的帮助，可以更有效地整理和分析定性资料。目前已经有 20 多种不同的软件可以对定性资料进行处理和分析，如 ATLAS. ti，Nvivo，Ethnography，HyperRESEARCH 等，不过汉字化的软件相对较少。这些软件可以进行文本记录的编辑，编码，资料储存、检索和提取，内容分析以及数据展示。专栏 5. 1 以 ATLAS. ti（5. 0）为例，介绍了这类软件的作用。

专栏 5. 1　定性分析软件在数据整理与分析中的应用

20 世纪 80 年代出现了开发电脑软件在定性研究中的运用，这一类软件叫做 QDR（qualitative data analysis）软件。时至今日，已有超过 25 种定性材料的分析软件。应用电脑软件进行定性资料分析有以下优点：

1. 提高在材料和相关项目（与材料相连的编码、备忘录）的处理、管理、检索和展示上的速度。

2. 增加定性研究的质量，研究者可以很方便地把自己的资料和研究分析过程让别人分享，共同判断其分析与结论或理论验证的合理性，使分析程序更具有一致性、严密性和透明性。

3. 资料的管理更容易，有助于团队研究，合作进行一项研究的研究者可以很容易地共享一组质性数据。

这类计算机软件是如何帮助质性数据分析呢？也就是说，这类计算机软件可以做什么？它的基本思想和数据处理过程是怎样的？一般而言，这类软件的构建都是基于扎根理论的思想导向，其功能可以概括为三大类：其一，是对数据资料的计划管理。指以具有组织性的数据库将资料进行分类存储与传递。其二，强大的分析功能。包括对数据的编码、检索和提取、编写备忘录、搜寻比较以及内容分析等，使得思考历程可视化。其三，结果输出。以矩阵或网络的形式展示分析结果，对描述发现或建构的理论撰写批注。

应用定性软件进行数据处理的基本操作过程如下：

1. 编辑文本记录：校正、延伸及修订现场笔记。

2. 编码：在文章、图片、声音、影像的某一段落上加上关键词或卷标，并允许之后的数据提取。

3. 资料储存：以具有组织性的数据库来保存原始文件。

4. 检索和提取：标定相关的文本段落以及可以很方便地检视研究者想要搜寻的文本。

5. 数据连接：可以连接每个相关的数据段落，形成分类、集组或信息的网络。

6. 备忘录：针对数据、理论或方法写下反省性的评论，以作为深度分析的基础。

7. 内容分析：计算编码的次数、顺序或字、词组的位置。

8. 数据展示：以浓缩及有组织的形式呈现所选择的数据，如：矩阵及网络。

9. 得出结论与证实：借助数据资料的展示获得结论，或对前人的结论进行测试及证实。

10. 理论建立：发展系统性、概念性解释的发现，测试假设。

11. 制作图示：创造描述发现或理论的图示。

12. 撰写报告：撰写暂时性及期末的报告。

功能如此之庞大的定性分析软件似乎能够完成所有的工作。然而，在使用这些定性软件进行数据的处理和分析时，也经常给我们的研究带来一些负面的影响。比如，研究者可能因为计算机的方便，以数据的量取代数据的深度；注意力的转移，会把注意力集中在软件的运用上，而忽略了研究者自己对文本的阅读、理解和沉思，以及对文本背后隐含的深层意义的洞察。还需注意的问题是，软件只是辅助工具，不能取代研究人员的分析和思考，不应该抱有过高的期待，更不能把软件神圣化，过分依赖它。

定性分析软件的应用—以 ATLAS. ti（5.0）为例

ATLAS. ti 是一个能对大量文字、图片、声音和图像数据进行定性分析的强大工作平台。它是建立在扎根理论原理基础上，提供了一系列不同的工具来处理非结构化的数据，探索隐藏在数据中的复杂现象。

一 ATLAS. ti 的思想框架

ATLAS. ti 的哲学思想可以概括为 VISE 原则。V（visualization），即可视化。界面的可视化使得用户更关注数据，通常所需要的功能只需通过点击几下鼠标即可实现。I（Integration），即一体化。该软件将所有相关的资料储存在一个容器里，称为阐述单位（Hermeneutic Unit，HU），其实就是我们通常所说的一个项目，它就像网中的蜘蛛，能触及项目中涉及的所有数据。载入一个由数百个文件组成的项目只是很简单地打开一个 HU。同时，ATLAS. ti 5.0 进一步强化了一体化的理念，它允许对大量不同种类的数据文件进行分析。这些种类包括文字、图片、声音和图像数据，其中文字数据包括纯文本和 RTF 格式文件，Excel、PowerPoint 等对象都可以被内嵌并加以分析处理；它直接支持 20 多种图片数据格式，包括 BMP、TIFF、JPG 和 Kodak Photo CD 等；利用 Windows 自带的多媒体控制界面（MCI），实现了对多种声音和图像格式文件的支持。S（Serendipity），即偶遇性。在信息系统中，serendipity 指发现了原本并未探求的事物。ATLAS. ti 中对象管理器（OM）、对象浏览器（OE）、交互页边区、全文搜索和超文本功能为用户提供了发现意外收获的可能性。E（Exploration），即探索性。通过对数据运用探索性和系统化的方法，以及专门的建构活动如理论建构，对定性资料的分析来说大有裨益。

二 ATLAS. ti（5.0）的重要概念

1. 阐述单位（Hermeneutic Unit，HU）：理解 HU 概念的含义，是认识

ATLAS. ti 如何工作的关键。与一个特定项目（或一个研究主题）有关的事物都可以收集和保存在 HU 中，成为 HU 的一部分。激活一个 HU，所有相关的资料数据都会自动被激活。HU 是一个高度联系的个体，它由原始数据、相关的备注和编码以及编码和数据之间相互联系构成的密集网络。ATLAS. ti 提供的强大的浏览和搜索查询工具可使用户在这个密集的网络中任意驰骋。

2. 源文件（Primary Documents，PDs）：PDs 是指将要进行编辑和阐述的文字、图片、声音和图像文件。PDs 通常在给 HU 分配文件时创建。如果有必要，可以分配许多文件给一个既定的 HU。

3. 引文（Quotations）：引文是来自源文件（PD）的对用户来说有意义或者重要的片段。在文本文档中，一个引文可以是一个单独的字符、一个词、一句话或者一个段落直至一个完整的数据文件的任意组合。对多媒体文档而言，一个引文可以是图片、声音和图像的任意片段。

4. 编码（Codes）：编码有点类似于在信息检索系统领域中常见的"索引"或"关键词"。编码应该简洁明了，而不应太过冗长。编码在整个定性分析的过程中起到举足轻重的作用。

5. 超级编码（Super Codes）：超级编码有别于一般意义上的标准编码。标准编码直接和相关的论据连接，而超级编码是几个编码组合在一起形成的查询。

6. 备注（Memos）：备注可以捕捉用户在分析的过程中对资料的思考，是创建理论的重要工具。备注和编码相似，但通常包含更长的文字段落。备注可以单独存在，或者指向引文、编码和其他备注。当备注被指定为 PDs 时，备注还可以作为分析对象。

7. 家族（Families）：家族是形成 PDs、编码和备注群组的一个途径，以便更容易地处理 PDs、编码和备注群组。

8. 网络视图（Network Views）：网络视图比家族更进一步。它们在一个可视化的图形中连接类似的元素，从而形成概念化的结构。在网络视图的帮助下，用户可以表达编码、引文和备注之间的联系。PDs、家族和网络视图都可以作为网络视图中的"结点"（Nodes）。

9. 评论（Comments）：评论本身不是"第一级对象"。它们没有名称，没有它们自己的浏览窗口，除了它们所包含的文字也没有任何其他的特性，然而它们是上述对象的重要属性。

三 ATLAS. ti（5.0）的分析步骤

ATLAS. ti（5.0）有两个主要工作模式：文字水平和概念水平。文字水平的工作包括数据文件的分割，文字、图片、声音和图像片段的编码等；概念水平的工作主要是建立理论模型，比如把编码连接成网络。在文字水平的工作中，ATLAS. ti（5.0）将源文件分割成论据，对相应段落加以注解，选择源文件中的段落、二次文字材料、注释和备注加以编码以便于将来的查询。这些工作将为更高层次的阐述和理论建构等富有创造性的概念水平的工作打下基础。

ATLAS. ti（5.0）不但能协助用户进行上述工作，同时能对所做工作提供全面的回顾，如快速搜索、追踪和浏览功能。在 ATLAS. ti（5.0）中，原先的理念可以通过编码和备注来表示，而编码和备注将由相应的文字和观点来支持。ATLAS. ti（5.0）提供给研究者高效的方法来快速追踪与一个理念相关的数据和注解。

除了编码和追踪，ATLAS. ti（5.0）的网络特征可以让用户可视化地将选择的段落、备注和编码连接成图表，从而形象地显示出复杂的联系。这一特征实际上将以文字为基础的工作空间转变为图形环境。用户能够在编码、文字段落和备注之间联系的基础上建构概念和理论。这一过程有时可以发现以前数据中不甚明了的联系，并且此时仍然允许用户立刻追踪到相关的注解和源文件的段落。文字/概念水平这两种模式是 ATLAS. ti（5.0）所特有的。

ATLAS. ti（5.0）工作的主要步骤可以描述如下（见图 5.3）：

1. 创建一个阐述单位（HU），即一个项目，将数据、所有的发现、编码、备注和结构统一放置于一个单一的名称下。

2. 给 HU 指定作为源文件（PD）的文件，可以是文字、图片、声音和图像文件。此时，由许多文件围绕着一个主题就形成了一个框架（HU），这个框架可以让用户迅速接触到数百甚至是数千个源文件（PDs）。

3. 阅读并选择感兴趣的文字段落（或在一张图片或一个多媒体文件中），指定编码，并写下备注。以上三个步骤我们称为文字水平的工作阶段，然而，“文字”不仅指“文字”，也指图片、声音和图像数据。

4. 比较以编码为基础的数据片段。如有需要随时可以给项目指定更多的数据文件。

5. 用“家族”来组织源文件、编码、备注。

6. 使用已创建的编码为基础构建语义网络，这些网络和编码、备注一起形成理论框架。

7. 如有需要，用户也可以导出相关数据用统计软件做进一步分析。

8. 最后，以在项目不同的阶段所做的备注和创建的网络为基础撰写书面报告。

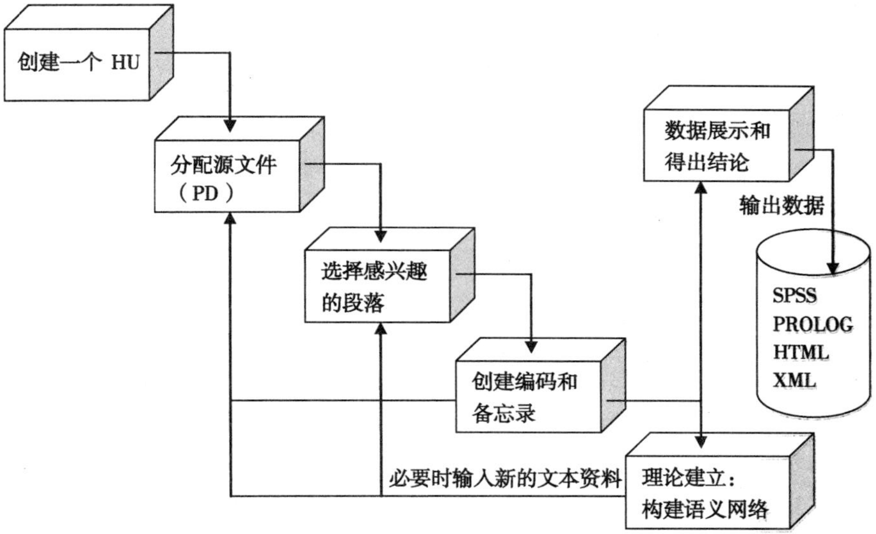

图 5.3　ATLAS. ti（5.0）的工作流程图

不过，遗憾的是，ATLAS. ti 5 的内部对象，如编码、备注、家族和论据等与中文的兼容都还存在问题，往往会出现错误。因此，用户在对中文源文件进行编码等操作时最好使用英文，这也在一定程度上限制了该软件的应用。该软件的使用手册可以到网址 http：//www. atlasti. de 免费下载。

附录 1　　目前流行的两大定性数据分析软件的功能比较

功能	Nvivo 8. 0	Atlas. ti 5. 0
Coding 工具	多种编码，半自动搜寻编码，循环式编码/浏览	最直觉式的编码功能，自动搜寻编码，切换式浏览
概念/范畴的组织工具	阶层式/树状；拖拉式整理	清单/网络式；分组工具/简单分层
接口友善程度	流程式的操作	画面直觉式的操作
数据类型	文字、图片、声音、影片	文字、图片、声音、影片
搜寻功能	最强的搜寻工具	强力搜寻
数据管理	内部数据库	外部数据库

续表

功能	Nvivo 8.0	Atlas. ti 5.0
特色	可建立档案属性，档案内文相互参考，适合个案资料分析或文献整理	支持多媒体、中文兼容性高、功能最多
多人合作	有、另购	有、内建

附录 2　　定性分析软件一览表

软件名称	资料形式	简介
AnSWR	文字	AnSWR 软件是由美国疾病控制与预防中心发行，是一套免费的软件。可以允许研究团队进行质性数据的整合，可以管理大且复杂的质性数据，也可以统整量化的数据，进行结构性的编码，适用于文字的分析。 网站：http：//www. cdc. gov/hiv/software/answr. htm
ATLAS. ti（5.0）	文字 图表 声音 影像	ATLAS. ti 是一个能对大量文字、图片、声音和图像数据进行定性分析的强大工作平台。ATLAS. ti（5.0）允许将不同的资料作分析，包含：EXCEL 及 POWERPOINT 以及其他嵌入的目标。它提供了一系列不同的工具来处理非结构化的数据，透过对象的探索、互动的边缘化、全文检索以及超级链接的功能，便于研究者完整系统地分析定性资料。 网站：http：//www. atlasti. de
CDC EZ-Text	文字	该软件就像是 Nud * Ist 的简化版，是由美国疾病控制与预防中心发行，是一套免费的软件。可以辅助研究者创造、管理及分析半结构式的质性数据。研究者可以设计一系列的适合他们的问卷之资料输入样板。数据输入完成后，可以建立编码簿、为特定的段落编码，发展个案研究，运用特定的条件去搜寻文章。 网站：http：//www. cdc. gov/hiv/software/ez-text. htm
Ethnography 5.0	文字	Ethnography 于 1985 年发行，是第一个计算机辅助质性分析的程序，现在为第五版，它是运用于窗口的个人计算机上，可以使质性研究的分析更为容易。它可以分析访谈稿、现场札记、开放性的问卷调查以及其他文本基础的文件。 网站：http：//www. qualisresearch. com
HyperRESEARCH 2.6	文字 声音 影像	HyperRESEARCH 于 1991 年第一次发行，目前为 2.6 版，可以让研究者运用编码类别来对数据进行编码，提供研究者同时对于文字、图形、声音和影像之数据进行质性与量化数据整合性之分析。可以用图标的方式呈现编码之间的关系。但是对中文的支持较弱，且不能使用中文进行编码。 网站：http：//www. researchware. com/hr20. html
MaxQDA	文字	MaxQDA 可以对访谈、观察或文件之文本资料进行储存、分析等一系列过程；可以输出变项表至统计软件或 EXCEL，也可以从 SPSS 或 Excel 输入变项表。只能使用英文字母编码。 网站：http：//www. maxqda. com

续表

软件名称	资料形式	简介
NUD * IST N6	文字	NUD * IST 现在已经发行到第六版，具有针对访谈稿逐字做关键词查询、模式查询（pattern search）、编码（coding）、编行号、备忘录、使用布尔逻辑（如交集 intersection）等多项功能，可搜寻体系，研究者在搜寻数据时，可输入关键词，系统软件便能搜寻到与关键数据相关的信息，节省研究者搜寻数据的时间。它还可以输入统计软件包 SPSS 的数据。但在输入的中文文件中，会有少数的中文字符无法呈现，而出现乱码的现象。 网站：http：//www. qsr. com. au/products/n6. html
Nvivo8. 0	文字 声音 影像	Nvivo 是新一代的质性研究软件，目前为 8. 0 版，具有窗口化的接口，可以针对文字、声音、影像和图片数据进行编辑及编码，连接统计数据以及撰写备忘录，具有较弹性的编码系统。最适合运用扎根理论的研究者。可以处理中文数据，并能应用中文进行编码、写备忘录等。 网站：http：//www. qsr. com. au/products/nvivo. html
QDA Miner	文字	它可以处理文字的数据，作批注、提取及检视编码的数据及文件，可以从其他项目中输入编码簿。 网站：http：//www. simstat. com/QDAMiner. htm

（本专栏由张妍撰写）

本章小结

- 定性研究实地调查的特点，是在现实环境中收集数据，研究者能够从近距离了解研究内容的细节，与研究者更为接近。定性研究的数据收集方法更为灵活。
- 定性数据的收集主要有观察法、访谈法、专题座谈会等，或多种方法的结合。
- 对定性数据也需要进行质量评价，评价内容主要是数据的有效性和可靠性两方面。
- 定性数据的处理与分析主要包括概念或主题的提炼以及围绕这些概念/主题的资料整理。编码是数据处理和分析中的重要环节。

思　考　题

一、名词解释

观察法　访谈法　专题座谈会　定性数据质量评价　定性数据编码

二、论述题

1. 请列举您较为熟悉的定性数据收集方法，分析和总结它们的优势与局限。

2. 由于在定性数据收集中，研究者往往与被研究者有近距离接触，研究伦理问题也会更为常见。请讨论可能在定性数据收集中面对的伦理风险。

3. 您了解哪些定性数据分析软件？如果了解并曾经使用过任何类似软件，请对其做出评价。

参考文献

1. E. 巴比：《社会研究方法》（第 11 版），邱泽奇译，华夏出版社 2009 年版。

2. 陈向明：《质的研究方法与社会科学研究》，教育科学出版社 2000 年版。

3. 风笑天：《社会学研究方法》，中国人民大学出版社 2001 年版。

4. L. 纽曼：《社会研究方法——定性和定量的取向》（第 5 版），郝大海译，中国人民大学出版社 2007 年版。

5. 袁方主编：《社会研究方法教程》，北京大学出版社 1997 年版。

第六章　定量和定性方法兼用的研究设计与应用

内容提要

1　混合研究方法的设计策略和具体模式
　　混合方法设计时主要考虑的几个方面
　　不同策略和模式
2　混合研究方法的数据收集与分析
3　混合研究方法的成果报告与展示举例

随着社会科学研究方法的不断发展，社会科学的复杂性使研究者越来越不满足现有的单一方法研究设计，而分析技术的发展和跨学科交流也激发了研究方法的创新，定量和定性相结合的研究方法越来越得到广泛应用。由于从定量和定性两种方式能够更有效地应对社会问题的复杂性，且不同专长的研究者组成的团队能够从不同的视角获得更为丰富和全面的信息与知识，因而一些传统上偏重某种方法的学科更为鼓励另一种方法的应用。随着应用混合方法的研究日益增多，其优势也越来越明显，对这类方法的重视日益增长，从而更激发了在一项研究中使用多种方法的意愿。近十年来有越来越多的社会科学研究项目使用多种方法取得了更为满意的效果，相应的也有越来越多的学术论文发表。Small（2011）回顾了2000年以来的200多篇英语文献，系统地总结和评价了应用多种方法的社会科学研究模式和特点。尽管这类方法相对还未成熟且存在争议，但其得到越来越多的应用已经是不争的事实，因此有必要专辟一章介绍，本书将定量和定性方法相结合的研究方法称为混合研究方法。

有学者认为混合研究方法不仅限于定量与定性两种方法的混合，且在对“混合方法”的明确定义方面存在不同意见。Small（2011）认为，由于混合方法是使用不同的方法分析不同的信息，因而可从研究所使用的数据类型、数据收集方法和数据分析方法三个方面界定混合方法。数据类型包括访谈记录、问卷调查结果、剪报、实地调查笔记和行政记录等不同类型；数据收集方法包括访谈、观察、专题座谈会和实验等方式；数据分析方法包括个案分析、回归、社会网络分析、开放编码等。所谓混合方法研究，即在这三个方面应用了两种以上的数据类型、数据收集方法或数据分析方法，或者是交叉使用了两种以上的方法（如用定量方法分析定性数据），都可视为混合方法研究。虽然数据收集和分析的种类众多，事实上这些类型最终仍可归为定量和定性两大类，混合研究方法可以应用本书此前所介绍的所有方法，它适用于既有探索也有描述和解释的研究目的，适用于研究问题既涉及定性内容也涉及定量内容的研究。

第一节 混合研究方法的设计策略和具体模式①

与定量或定性的单一方法研究相比，进行混合方法的研究需要具有综合专长的研究团队，研究过程需要更多的人力物力和更长的研究周期，因此在着手考虑研究设计之前，需要有充分的理由阐述开展混合方法研究的必要性。这些理由既是为了使研究团队自身确信这是为了达到研究目的的最佳选择，更是为了说服项目资助者。开展混合方法研究的理由至少有以下几点。

首先，从研究目的、研究性质和研究内容几个方面，说明仅依靠定量或定性一种方法不能满足要求或有效实现目标，需要既有定性也有定量的信息才能更全面地了解真相。如果基于已发表的相关研究成果，说明仅使用某种方法的局限，则更有助于加深读者对选择混合方法必要性的认识。

其次，需要考虑并说明相应的研究团队包括具有不同专长的研究人员，最好有既掌握定量方法也熟悉定性方法的研究人员。

再次，混合方法的研究设计需要充分考虑在数据收集和分析方面所需要的时间和人力。例如问卷调查一般都是一次性完成，而访谈和座谈等定性信息收集方法则可能需多次实地访问，也需要具有不同专长的研究人员共同实施调查。

总之，选择混合研究方法对达到某些研究目的更为适宜，但也具有更高的要求和更大的挑战性。

（一）混合方法设计时主要考虑的几个方面

在设计混合式研究时，有四个方面的问题需要事先考虑，即时序安

① 本节和下节内容主要根据 Creswell（2009）第 10 章的内容编写。

排、主要方法、混合方式以及理论的作用（见表6.1）。这四个方面是相互关联的。

表6.1　混合研究方法设计的要素

时序	主要方法	混合方式	理论
同时进行	二者并重	综合/整合	明确
先定性、后定量	定性为主	链接	隐含
先定量、后定性	定量为主	嵌入	

时序安排

在设计研究方法和计划实施步骤时需要考虑，定量和定性数据收集是同时进行还是分阶段交替进行。在分阶段收集数据时，首先收集定量数据还是定性数据，取决于研究目的和内容需求。如果主要是对问题的探索，则首先实地收集定性资料，然后再扩展到收集更大样本的具有代表性的信息。有不少研究由于条件限制，不可能多次进入相同的现场，则采取同时收集定量和定性两类信息的方法。如果有条件多次进入实地收集数据，还可以采用先应用定性方法对问题进行探索式研究，在对问题有了初步认识之后，在定性资料的基础上设计定量调查的抽样方案和测量工具，而在获得定量资料的初步结果后，再回到现场进一步了解典型个案和特殊案例，或深入了解不同变量之间的相关机制，从而对定量调查结果有更为准确的理解和更为合理的解释，也对所研究的问题有更深入的了解和分析。

主要方法的选择

设计混合式研究时，要考虑在这项研究中更倚重哪种方法，或是以哪种方法为主。有些研究可能是定量与定性二者并重，更多研究是以某种方法为主，或更强调一种方法在研究中的作用。倚重定量或定性方法取决于研究者的兴趣、偏好和专长，也要考虑研究成果的主要读者。在实际应用中，对方法的倚重在很大程度上取决于研究者期望首先强调的信息是定量还是定性的，这时另一类信息的作用是支持主要信息。以归纳式为主的研究往往倚重定性方法，而演绎式研究（如检验理论或检验假设）则更倚重定量方法。

混合方式

混合式研究需要在实质上综合定量和定性资料，何时综合以及如何综合，则是在混合式研究设计时需要考虑的两个关键问题。

首先，数据和资料的综合可以在3个阶段进行，即数据收集、数据分析以及分析结果的解释阶段。

其次，数据综合可以有不同的形式：

（1）关联式：在分阶段资料收集过程中，前一个阶段收集的信息分析结果可与下个阶段的数据收集相关联，如应用定量调查结果确定下一步定性调查的访谈对象或专题座谈会的参与者；

（2）整合式：在同时收集了定量和定性信息后，将两类信息整合，如根据定性资料的主题作统计分类，并与定量描述结果相比较或互为参照；

（3）嵌入式：在对不同研究方法有所偏重的设计中，用两种方法收集的数据形成两个数据库，次要数据库的作用是为主要数据库提供支撑和补充信息。

理论或转化视角（Theorizing）

设计时需要考虑的最后一个要素是引导整个研究设计的理论视角。社会科学研究往往都以理论为先导，并在此基础上构建研究和分析框架，这些理论可能在混合式研究设计中明确提出，或隐含在设计中，也可能全然没有提及。无论以何种形式，理论基础及其作用在设计时不可忽略。

（二）不同策略和模式

按照定量和定性数据收集与分析的先后或同时发生，可以将设计分为序列和并列两类，各类中还可应用不同研究模式。Creswell 等（2003）将设计混合研究方法的策略总结为以下六种。

1. 序列解释策略

这种策略在倚重定量方法的混合式设计中较为常用，其特点是在第一阶段收集和分析定量数据，在此基础上开展第二阶段的定性资料收集与分析。这种策略一般偏重定量数据的分析结果，初步的定量分析结果为定性数据收集提供参照信息，定量和定性两组数据分别保存，但两者之间有链接。序列解释策略一般通过后续定性信息收集和分析来解释定量分析结果。当定量分析结果出乎预料时尤其要借助这种策略。在这种情况下，可利用后续收集的定性信息深入研究意外结果。

这种设计的特点之一是直截了当，各阶段定义明确、易于操作。此外，这种设计的结果也较易描述和报告。其主要局限是由于数据收集要分两个阶段，所以周期较长。

2. 序列探索策略

这种策略与上述策略类似，所不同的是数据收集的顺序相反，先收集和分析定性资料，在此基础上再展开第二阶段的定量数据收集和分析。这种策略在方法上更倚重第一阶段的定性方法，数据的混合方式也是链接式，即将定性资料的分析结果与定量数据收集链接。一般采取这种策略，是用定量数据和分析结果支持和辅助定性研究发现的解释。与序列解释策略不同的是，这种策略更适用于研究目的为发现或探索某种现象的研究，而不是解释各种变量或现象之间的关系。有学者建议，在对定性阶段发现的理论元素进行检验，或在需要将定性研究发现推广到另外不同的样本时，更适宜使用这种方法。例如，了解某个特定人群中某种现象的分布情况。

当研究者需要建立一套测量工具时，也常常使用这种策略，即通过三个阶段：（1）收集和分析定性资料；（2）应用分析结果构建测量工具；（3）将这套测量工具在一个群体中试用。

序列探索策略的优点与序列解释策略有不少相同之处。这种两阶段方式易于操作，描述和报告也较为简单。这种方法对于既想探索某种现象、又想将定性研究结果进一步推广的研究目的来说极为有用，尤其适用于建立新测量工具。此外，对于通晓定量方法而不熟悉定性研究方法的读者或研究领域而言，更易于接受这种模式。而其数据收集周期较长，也是与序列解释策略相似的短处。此外，研究者需要注意，在完成第一阶段的定性资料收集和分析后，需要作出关键决策，选择聚焦进一步定量研究的主题和对象。

3. 序列转化策略

第三种序列方法与上述两种方法相似，包括两个阶段的数据收集。不过序列转化策略在两个阶段间始终贯穿了一个理论，如社会性别、种族、社会科学其他方面的理论等。这种方式也有初始阶段和后续阶段，但在项目书的引言部分就需要明确介绍研究的理论视角，提出研究问题的核心（例如不平等或歧视等）。这类方法一般都应用于在边缘群体中具有针对性地收集数据资料，并将研究结果转化为行动建议的研究。

这类设计虽然有明确的两个阶段，但并不要求第一阶段是定量还是定性，既可以倚重一种方法，也可以两者并重。两种方法的混合和关联与上述两种序列设计相同，不同的是序列转化模式中更为重要的是以概念、框架等方式贯穿始终的理论视角，而对某种方法的应用没有明确规定。

采用序列转化策略是为了更凸显研究的理论视角，利用两个阶段表达不同方面，达到更理想的参与效果，或更深入了解被研究的群体因参与研究而发生变化的现象或过程。

序列转化模式具有与其他序列模式相同的优点和局限：因阶段明确而易于实施、表述和报告研究成果，同时也要求有较长的实施周期。更为重要的是，这种模式将混合方法应用于转化框架研究①。对于已经应用转化理论框架的领域而言，这种方法更易于被接受。遗憾的是有关这类研究模式的文献较少。

4. 并列三角印证策略

并列三角印证（concurrent triangulation strategy）② 策略可能是六种模式中最为常见的方法。这种模式的设计是，同时收集定量和定性信息，然后对两类信息或分析结果进行比较。比较结果可能是两者一致，也可能有所不同，或者既有能够相互印证的一致结果，也有不一致的结果。有学者将这种比较称为确认、交叉验证或证实。这种模式并行使用定量和定性方法、相互取长补短，且一般是两种方法并重，数据收集同时进行，而在解释或讨论部分才将两类结果加以比较、并列讨论。这种并列的混合方式常见于应用混合法的文献中，其表述形式往往是先列出定量统计结果，再引用定性资料加以支持或提出不同结论。

这种较为传统的混合研究方法已经为大多数研究者所熟悉，因而往往被作为首选方法。与序列模式相比，同时收集定量和定性资料可以缩短实地调查的时间。这些都是并列策略的长处。但是这种模式也有局限：同时用两种方法开展研究，对工作量和专业技能有更高的要求；比较两种形式不同的数据也并非易事。此外，如果两种结果不一致，对这种不一致的解释和理解可能需要重新分析数据甚至回访现场，或者开展一项新的研究来解决问题。

5. 并列嵌套策略

同样采用同时收集定量和定性资料的设计，并列嵌套策略的定量和定性方法有主次之分，而不像上述并列三角印证策略那样两者并重。在并列嵌套策略中，次要方法的位置和作用嵌套在主要方法之中。相对主要方法而言，次要方法可能针对不同问题或作用于不同层次。例如在实验设计中，定量数据主要分析干预后的产出，而定性数据则适用于分析干预组中个体的经历或感受。两种数据的混合往往是在讨论阶段，将次要方法的信

① 转化框架（transformative framework）在1994年被首次提出，多应用于调解和冲突管理。

② 三角印证法（triangulation）也称为三角校正法或三角互证法，最初指测量时使用多个测量取得可靠数据，在社会科学研究方法中指使用不同方法从不同角度研究一个问题，以获得更为准确可靠结果的方法设计。

息资料或分析结果整合到主要方法的结果当中。在讨论中也可以进行比较，但并不是为了呈现两种结局，而是从定量和定性两方面对一个问题进行综合评价。这类模式也可以应用明确的理论框架设计主要方法。

并列嵌套策略可应用于各种研究目的，而使用定量和定性两种方法可以拓宽研究视角。例如在定性研究中嵌入定量信息，可以更概括地描述参与研究的群体特征；而在定量研究中，定性信息可以补充无法量化的内容。此外，这种模式也可以用于多层次的设计，例如研究企业时可以用定量方法了解雇员情况，同时访谈管理者。

这种混合模式有几方面的优势。首先，同时在现场收集两类数据可以节省时间；其次，研究兼有定量和定性方法的长处；最后，应用这种策略可以从不同类型和不同层次的多重视角分析问题。该模式的局限在于，整合阶段需要对信息进行转换，而如果两种结果不一致则需要付出更多努力来解决问题。

6. 并列转化策略

并列转化策略与序列转化策略的相似之处在于贯穿始终的理论视角或框架，不同的是定量数据和定性数据的收集同时进行。而至于采取三角印证法还是嵌套法，则需根据理论框架选择最适宜的方法。相对于较为固定的理论框架，具体方法可以相对灵活。

以上六种模式各有本身的优势和局限，且适用于目的不尽相同的研究和不同的研究条件。在确定研究模式时至少需要考虑以下几点：

- 选择这种模式的必要性、优势和适用性；
- 收集数据的时间长短和数据收集地点的可及性，例如，并列策略的数据收集时间相对集中、不需要多次到现场；
- 分析数据的时间长短，例如嵌套模式因其在数据收集和分析过程中有主次之分，相对省时；
- 研究者本人的经验和专长，例如缺乏定性研究经验的可以考虑采取以定量为主的序列解释策略；
- 学习和借鉴现有科研成果。

第二节　混合研究方法的数据收集与分析

混合研究方法的数据收集取决于研究者选用的研究策略。一旦确定研究策略，则需要考虑收集有效数据的抽样方法，既要分别考虑定量和定性数据收集的不同抽样方法，也要尽量考虑到能够两者兼顾。有学者①总结了混合方法抽样的五种类型：

1. 综合定量和定性抽样的基本策略，如分层立意抽样、立意随机抽样等；

2. 序列抽样：即在第一阶段抽样的基础上进行第二阶段抽样；

3. 并列抽样：将定量概率抽样与定性立意抽样相结合，例如在问卷中既包括封闭式问题，也设置开放式问题；

4. 多层抽样：定义多个抽样层次或多层分析单位；

5. 上述方法的各种组合。

混合研究方法的数据分析往往具有一个共同特征，就是既有对定量数据的定量分析，也有对定性数据的定性分析，也可能包括用两种方法对两类数据的交互分析。以下是一些应用案例。

- 数据转换：在并列策略中，有可能需要将定性资料量化，即对定性资料分主题进行编码，然后统计这些主题在文本中出现的频次。这种方法有利于将定量结果与定性资料进行比较。此外还可以将定量数据质性化，例如应用因素分析，将多变量测量分析的结果与定性资料的主题相比较。

- 检查奇异值：在序列模式中，对第一阶段定量数据的分析可能发现个别奇异值或极端个案，随后与这些极端个案的深入访谈有助于了解这些个案与样本主流偏离的原因。

- 工具开发：在序列模式中，先在被研究群体中收集定性资料如主题和相关说法等；然后应用这些来自当地研究参与者的说法作为各主题的选项，构建一套测量工具；第三步则可以在大规模有代表性的样本中测试这套工具。

- 多层分析：在并列嵌入模式中，在某个层次（如家庭）收集定量数据，同时开展对家庭中个体的访谈收集定性数据，深入了解在某种家庭中的个体情况。

- 矩阵构建：在并列模式中比较两类数据时，将定量数据和定性资料的信息合并到一个矩阵中。例如可以定义定量数据的变量（如医生、护士等医疗卫生服务提供者）作为矩阵的行，定性资料（如有关服务提供者

---

① Teddlie, C., and Yu, F. (2007) Mixed methods sampling: A typology with examples. Journal of Mixed Methods Research, 1 (1): pp. 77—100.

与病患关系的5个主题）作为矩阵的列。矩阵中的元素可以是定性的话语文本，也可以是定量数据的频次，或两者兼有。

图6.1举例表达了混合研究方法的数据收集和分析，展示了以定量研究方法为主的序列解释模式的研究策略、数据收集和数据分析的主要元素，其中所有元素在实际设计时均可进一步细化。

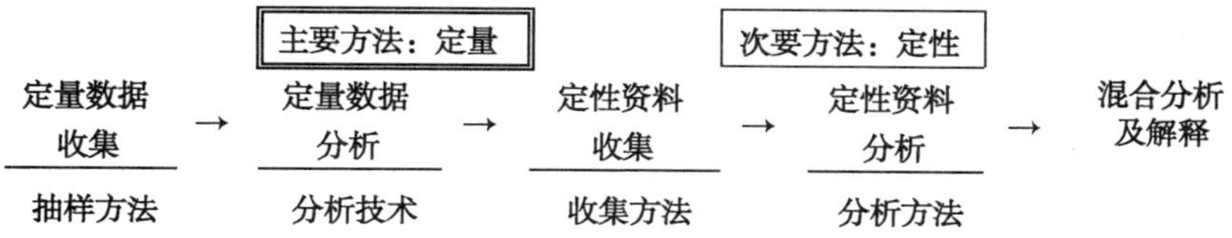

图6.1　混合研究方法设计举例：以定量方法为主的序列解释模式

第三节　混合研究方法的成果报告与展示举例

在研究报告写作时，主要应用定量方法的研究报告模式不同于应用定性资料的研究报告模式，在行文甚至措辞上都有各自的特点。报告混合研究方法的成果，需要将两者的特点有机地结合起来。在以定量研究方法为主的论文中，如何插入一段定性资料而不显得生硬，而在以定性资料分析为主的论文中，如何适当应用数据，对研究者来说确是一大挑战。

有学者建议，混合研究方法的研究报告应当遵循研究策略所选择的模式，并提出几项值得注意的要点以供参考①：

1. 对序列研究而言，一般都采取依次介绍定量数据收集、定量数据分析、定性数据收集和分析的序列式结构。然后在研究报告的总结或解释部分，讨论定性研究的发现如何丰富了或扩展了定量研究的发现。或者可以先介绍定性数据收集和分析，然后再介绍定量部分。这种撰写模式是明确将研究分为两个阶段，分别叙述。

2. 对并列研究而言，可以分别介绍定量数据和定性数据的收集，但是在分析和解释时将两类数据结合起来，力求在结果部分呈现两类数据发现的相似性。这种撰写模式没有明确区分定量和定性部分。

3. 对转化研究而言，报告结构往往在引言中介绍主题，然后即可使用序列模式或并列模式组织内容结构。最后以一个独立的小节结尾，引出根

① 摘自Creswell（2009），220页。

据研究结果产生的政策建议。

也许，混合研究方法的成果报告与展示不必依循任何模式，一项目的明确、有理论依据、调查内容充实、调查质量可靠的研究，如果能够充分利用收集的各类资料，将这些资料及其分析结果用适宜的方法综合展示，应当能够形成一份内容丰富的实证研究报告。以下三个案例都是作者参与或主持的研究项目，研究设计均采用了定量和定性结合的方式（不过当时并没有意识到该设计是哪种模式的）。在此简要介绍这些研究项目所采用的混合研究方法，供读者参考。

例 6.1　应用混合研究方法的评估研究

背景：在 1994 年国际人口与发展大会和 1995 年世界妇女大会之后，中国确立了计划生育工作要实现工作思路和工作方法“两个转变”的工作方针，即“由以往的仅就计划生育抓计划生育向与经济社会发展紧密结合，采取综合措施解决人口问题转变；由以社会制约为主向逐步建立利益导向与社会制约相结合，宣传教育、综合服务、科学管理相统一的机制转变”。作为在全国有步骤地推进“两个转变”的一个重要措施，国家计划生育委员会（后更名为“国家人口和计划生育委员会”）于 1995 年初在自愿的基础上选择了条件相对较好的 6 个县/区作为第一批先行开展计划生育优质服务的试点。为了评价试点效果，进一步推动试点工作的深入发展，并为全国各地的试点工作提供有益的经验和启示，国家计生委优质服务领导小组在 1998 年组织了对 6 个优质服务试点县/区的评估。

这项评估研究类似于“无目标模式”的评估，因为在项目开始时，国际上对计划生育优质服务的内容还只是在理论上的讨论，没有实际模式可循，因而没有制定具体目标和可测量的指标，在这种情况下，使用定性为主的方法，更为灵活适宜。

评估目的：评估旨在对试点县/区 1995—1998 年试点工作的基本实践进行回顾和总结，了解试点所带来的变化和取得的重要效果，了解干部和群众对试点工作的感受和评价，分析和研究各个试点单位和各项试点工作的经验和启示。

评估方法：评估方法既有定量方法也有定性方法，以定性方法为主，借鉴了评估项目常用的快速评估法和情境分析法。收集数据方法包括问卷调查、深入访谈、实地观察。评估组由国内外人口学和社会学学者、计划生育技术服务专家和计划生育管理干部联合组成。

问卷调查：在试点开始的1995年和评估发生的1998年，国家计生委在这6个县/区分别进行了两次调查，调查对象分别为计划生育干部和育龄妇女，了解前者有关计划生育优质服务的知识、态度与实践，了解后者的基本情况和婚育保健情况。1995年的调查相当于基线调查，1998年的后续调查可以与1995年的调查结果相比较，分析在哪些方面发生了变化。问卷调查的分析结果，为1998年的评估设计提供了参考依据。

研究和制定评估方案：评估组成员和部分试点县/区及所在省/市计生委代表参加了评估方案的讨论和制定。通过数天的讨论，确定了（1）评估需要回答的战略问题，包括试点县的基本实践、主要效果、经验启示三个方面；（2）评估的实施方案，包括信息收集方式、主要访谈对象和观察内容、每个试点县/区的调查范围和调查点确定方式。

评估过程：按照评估方案，评估组在每个县/区评估均为7天。到达的当天，评估组全体听取了县区领导和计生委介绍情况，然后分组同时开展调研。约有两个半天在县里分别与县、乡的党政领导、计划生育管理干部和技术人员、县有关部门领导座谈；到县计生委、技术指导所查阅资料、观察和了解服务情况。三个整天到乡镇、村观察服务站、室和人口学校，了解服务情况；访谈该乡、村领导；组织群众座谈会和入户访谈。约两个半天用于评估组内部讨论，汇总调研情况、讨论评估报告的撰写。最后一天下午向计生委、党政领导分别交流、汇报评估组的初步意见。

评估结果：评估组形成的报告以定性资料为主，引用了问卷调查结果或当地统计资料。评估组的结论是，试点工作取得了预期的效果，为我国实现计划生育工作思路和方法的“两个转变”创造了宝贵的经验。此后，优质服务开始向全国扩展。2011年，中国计划生育优质服务试点及其成功地向全国扩展的实践，被国际机构和南南合作组织作为发展中国家人口与发展实践方面的10个最佳案例之一推介给国际社会。

（资料来源：张二力、顾宝昌、解振明主编《国家计划生育委员会第一批优质服务试点县（1995—1998）评估报告》，中国人口出版社1999年版；Xie Zhenming. Focusing on Quality of Care in the Family Planning Programme. In：UNDP，UNFPA，PPD. Sharing Innovative Experiences，Volume 19. 2011.）

例 6.2　江苏群众生育意愿与生育行为跟踪调查——以定量方法为主的序列解释模式

研究背景：由于生育意愿与人们的生育行为相关联，对生育意愿的研究由来已久。中国虽然是一个人口大国，但有关生育意愿的调查却起步较晚，历史资料尤其缺乏。20 世纪 70 年代以来，中国的人口形势发生了巨大变化，但在中国开展生育意愿的研究受到极大挑战：（1）在已经有明确政策规定一对夫妇可以生育的子女数量之后，再询问他们希望生几个孩子，似乎已经不合乎逻辑；（2）在调查中使用“理想子女数”的时候，无法摆脱生育政策的限制，即在生育政策已经被广大群众了解且在多数人当中已实施的情况下，很难判断群众的回答究竟是真正意义上的理想，还是对政策的服从；（3）由于生育政策详细规定了数量和两孩间隔，致使一个地区的生育行为具有较强的同质性，深入的生育意愿研究受到很大局限。但是，在生育政策方面的“社会实验”很难开展，没有条件突破这些局限。进入 21 世纪以后，第一代独生子女陆续进入婚育年龄。全国以一孩政策为主的地区，生育政策规定如果夫妇双方都是独生子女可以申请生育第二个孩子，有些农村地区还规定夫妇一方是独生子女可以申请生育第二个孩子。在城市和计划生育工作开展得比较早、生育政策执行较好的农村地区，越来越多的夫妇在生育数量和生育时间方面有了更多的选择。这种形势为生育意愿的研究提供了有利条件。江苏省的一部分地区就已经具备了这样的条件。2006—2010 年，由江苏人口和计划生育委员会和中国社会科学院人口与劳动经济研究所联合组成的“江苏省群众生育意愿和生育行为研究”（JFIBS）课题组，在苏南、苏中、苏北六个县/市开展了生育意愿和生育行为基线调查和跟踪调查。

研究目的：在人口发展变化的过程中，及时研究和跟踪这些地区群众的生育观念、生育意愿、生育计划和生育行为及其变化，为掌握人口发展动态、为人口和计划生育工作及决策提供科学依据。

研究内容：了解群众的生育观念和行为，辨清生育政策与生育水平之间的关系，分析生育意愿的有效性和可靠性，解释影响生育意愿的各种因素。课题组希望通过调查研究回答重要的政策问题如：当越来越多的夫妇享有生育二孩政策的时候，他们愿意要两个孩子吗？他们打算要两个孩子吗？他们真的生了两个孩子吗？生育政策对这些年轻独生子女夫妇的生育意愿、生育计划和实际生育行为会有什么影响？其他因素在其中会起到什么作用？如果生育意愿随政策条件而变化，那么意愿在多大程度上会转化为行动？有多少符合政策可以生育两个孩子的夫妇会真正生育两个孩子？这些问题直接关系到对未来人口变动趋势的推断。

研究方法：课题组采用了以定量方法为主的序列解释模式。定量数据收集方式为同组跟踪的个人问卷调查和社区问卷，定性数据收集方式为个人访谈、观察和座谈会。

研究过程：定量方法和定性方法在研究过程中始终结合在一起，每个阶段有可能相互交织，并没有清楚的界限。以定量或定性方式收集的数据资料相互补充，互为参照。

- 研究准备阶段：组织专家学者讨论会和当地项目管理人员/社区工作人员座谈会，收集和分析现有文献和当地统计数据，增加对调查地区的了解，参考定性和定量两方面资料，设计抽样方案和问卷，缩小抽样偏差、改善测量的有效性。

- 抽样：问卷调查样本以计划生育信息系统的育龄妇女信息为抽样框，通过分层随机抽样的方法分别抽取居委会和村委会，在抽中的社区调查所有18—40岁有当地户籍的育龄妇女。设计的样本为每个县/市调查城镇和农村居民各1600人，以保证城乡每个年龄组有400人左右。

- 问卷设计：在问卷第一版定稿后，开展问卷的试调查，在试调查的同时，不仅访谈研究对象，还访谈未来调查实施者，了解调查中可能发生的问题。在经过多次讨论、修改以及两次试调查后，最终定稿的问卷由5个部分72个大问题组成。此外，对调查对象居住的社区（村委会或居委会）也进行社区问卷调查，了解当地的人口概况、计划生育工作情况、社会经济发展状况和文化习俗。

- 问卷调查：调查员主要由乡镇干部和社区办事人员担任，课题组负责质量核查和调查督导。为了尽可能调查到所有育龄妇女，尤其是外出工作和上学的青年妇女，调查工作延长至春节后结束。调查得到了当地大多数群众的支持和配合，拒访的情况极少，多数没有调查到的是长期在外、婚迁和拆迁以及空挂户等情况。两次调查情况为：（1）2007年的基线调查共获得有效问卷18638份，为应调查人数的92%；（2）2010年相同时点的跟踪调查，抽样方法与基线调查相同，在确定调查对象时依照“只进不出”的原则，即调查所有18—40岁的户籍妇女，同时包括接受过基线调查、在跟踪调查时年龄超过40岁的妇女。跟踪获得有效样本20827人，其中接受过两次调查的育龄妇女15837人，跟踪率为85%。

- 实地调查：根据社区问卷结果，确定实地访谈样本点；根据个人问卷调查初步分析结果，选择访谈对象、确定需要重点了解的内容。2008年夏季，课题组访问了15个村委会和12个居委会，与约200名群众和社区干部、计生干部等进行了深入访谈或入户访谈。课题组在各县结束实地调查后，与计生部门座谈，报告了调查的初步结果，讨论调查发现及其政策含义。2010年夏季，课题组根据跟踪问卷的调查结果，选择了一个县级市，列出十余名在近三年中生了第二个孩子的妇女名单，对她们进行了深入访谈。

定量和定性方法相结合的贡献：定量与定性方法的结合对单一方法而言所附加的贡献，在研究的各个阶段都有体现。

（1）在研究过程中，由于有定性研究资料，解决了许多定量资料调查和分析中的问题，而只靠分析定量数据，不深入现场调查，是不可能解决这些问题的，例如：对问卷调查结果的印证，对问卷调查结果的确切和深入的理解，对访谈个案所具代表性的判断，等等；

（2）在实地调查阶段，由于充分利用了定量信息，提高了访谈效率；

（3）在分析数据阶段，结合定性资料，有利于建立合理的分析框架和模型、正确理解和解释分析结果；

（4）在成果展示阶段，由于有定量和定性资料的结合，可以讲述一个更生动的故事。

局限和不足：回顾整个调查过程，课题组也意识到我们在应用定量定性混合研究方法方面还缺乏经验，例如：对非语言的定性资料收集重视不够，对定性资料的分析和挖掘不够（因这项工作相对来说费时费力），尚未有效利用定性资料分析软件，定性和定量信息在研究论文中的结合仍显生硬等。

（资料来源："江苏省群众生育意愿和生育行为研究"课题组：《江苏省群众生育意愿和生育行为研究调查报告》，《中国人口年鉴（2008）》；《江苏省群众生育意愿和生育行为研究2010年跟踪调查报告》，《中国人口年鉴（2011）》）

例6.3 人口流动与农村妇女发展——并列策略

研究背景：发生在中国20世纪80年代以后的人口迁移，大量的人口从农村流入城市，从中西部流向东部，无论是在人口规模还是流动方向都引起了人们的广泛重视。人们看重的并不仅仅是工作、生活的地理位置的变动，而是人口变动所引发的社会角色和社会地位的变化。成千上万的流动人群由在农村务农或操持家务，转变成在城里打工经商，许多贫困的家庭因此而脱贫致富，长期处于封闭状态的农村人，开阔了眼界增长了见识。中国农村人口向城镇地区的流动，推动了农村经济的发展，促进了农村精神文明的建设，引起了国内外学者的关注，围绕人口流动展开了许多调查研究。“人口流动对农村妇女的影响”课题组试图通过调查研究，描述发生在中国20世纪最后20年的人口流动对农村妇女生活所产生的影响。研究对象定位在20—35岁的农村妇女，包括曾经外出打工回乡的妇女和从未外出过的妇女。在从未外出的妇女中又可以分为丈夫曾经或现正外出的和丈夫从没有外出过的。研究者希望从这几种不同经历的妇女群体中发现不同的特征，其中一些特征可能与人口流动相关，从而揭示出人口流动所产生的影响。这种影响不仅表现在农村妇女的身体和行为方面，也表现在她们的精神和观念方面。

研究目的：通过重点对外出返乡妇女的调查，分析发生在中国20世纪80—90年代的人口流动对农村妇女生活所产生的影响。

研究框架：课题组根据研究目的确定了此次研究的理论框架，将人口流动作为自变量，农村妇女生活则为因变量。考虑到不同类型的人口流动会产生不同的结果，课题组对作为自变量的人口流动，按流动类型、外出时间、事件发生序列、流动方向等进行了多种分类。对作为因变量的农村妇女生活方面，本次研究的重点放在农村妇女的婚姻、生育、避孕节育、生殖健康、人际关系、经济收入和家庭地位等方面。研究者试图通过分析不同类型农村妇女生活诸方面的差异，进一步分析：人口流动是否影响妇女对人生重大事件的态度、认识和行为方式？影响的程度有多深？如何影响的？

主要研究内容及研究问题：本次研究重点从农村妇女的婚姻、生育、避孕节育等方面入手，了解她们的一般健康状况、家庭人际关系和在社区的地位。因此，研究内容不仅涉及农村妇女有关生殖健康的知识、态度和行为，还涉及她们对自身价值和妇女权益等问题的认识。课题组经过多次讨论和实地调查，提出了一系列研究问题，并针对这些问题设计问卷内容，例如：妇女所掌握的避孕节育知识是否与妇女本人的流动或丈夫的流动有关？流动会不会对妇女所使用的避孕方法产生影响？流动是否会对妇女初婚年龄有影响？流动对妇女终身生育率有什么影响？对妇女生育间隔和性别偏好是否有影响？妇女家庭的分工与流动状况之间是否有相关关系？已婚妇女与丈夫的关系与流动状况之间是否有相关关系？

研究方法：本研究目的中既有描述性目的，也有解释性目的，且研究重点在妇女的健康与生活方面，因此选择了定量与定性并重的研究方式。定量调查方法主要是运用问卷调查进行整群抽样调查，定性研究方法主要是专题座谈会和入户访谈。由于多次现场调查存在经费和时间安排上的局限，课题组决定在问卷调查的同时收集定性资料。因此这是一个定量和定性数据收集同时开展的并列研究策略。

定量数据收集：2000 年 8 月至 9 月，课题组先后在安徽和四川的 4 个县，8 个乡镇，20 多个行政村调查了 3200 多农户，重点对 20—35 岁在家的妇女进行了问卷调查。根据研究目的和研究内容，课题组设计了两种问卷：一是社区调查问卷；二是妇女个人调查问卷。在妇女个人问卷设计中，采取了基本事实问答、迁移史回顾、健康知识测试、假设情景判断等形式，共设计了 97 个问题。现场调查平均每份个人问卷需要 30—40 分钟。问卷项目的主要类型为：事实问答、事件回顾、知识测试和情景判断。设计多种类型的问题，可以避免单调的一问一答，有时通过迁移事件的回忆来回答问题，有时通过知识的测试来调动调查对象积极参与，有时运用假设情景来启发调查对象表明自己的态度。

定性数据收集：本次研究采用的定性研究方法主要有两种：一是专题座谈会；二是入户深入访谈。课题组在问卷调查的同时，组织了 6 种不同类型的专题座谈会和若干个入户访谈，共计组织了 47 次座谈会，入户访谈 50 多户。

课题组在每个调查乡镇分别召开了 6 个座谈会，各座谈会的参与者定义为：（1）外出回乡已婚妇女，年龄 20—35 岁；（2）外出回乡未婚妇女，年龄不限；（3）丈夫在外的妇女，年龄 20—35 岁；（4）从未外出的已婚妇女，年龄 20—35 岁；（5）从未外出的未婚妇女，年龄不限；（6）外出过的男性，年龄 30—40 岁。课题组为每类座谈会拟定了讨论提纲。

当研究人员进入现场，组织问卷调查的培训时，课题组也同时对中选乡镇的干部提出了召开专题座谈会的要求，并对配合召开专题座谈会的当地记录员和助手进行了培训。根据课题组的要求，乡镇干部制定了 6 个专题座谈会的时间表和人员分工。在问卷调查的同时，研究人员组织了专题座谈会。通常在一个乡镇的 6 场座谈会可以在 2 天的时间内完成，在一个县进行问卷调查的 4 天内，基本上可以完成两个乡镇的 12 次专题座谈会的任务。

入户深入访谈主要由研究人员承担，要求研究人员在问卷调查和专题座谈会中发现和筛选入户访谈的对象。课题组对访谈人数没有提出具体要求，主要穿插在问卷调查和座谈会之间进行。一旦完成问卷调查后，就离开现场到下一个调查点。

研究成果：课题组对研究论文的撰写确定了专题和分工，每位研究人员根据自己的专业背景、特长和优势选择以定性资料为主或以定量资料为主撰写研究论文。如“农村年轻妇女的外出经历”一文就是以定性为主的论文，其中在对总体进行描述时引用了定量数据；而“外出打工对农村妇女地位的影响”就是以定量为主的论文，但在分析模型设计、定量分析结果解释和讨论中应用了定性资料和通过现场调查获得的知识。

（本例摘自：解振明：“第二章 研究目的与方法”，载于郑真真、解振明主编《人口流动与农村妇女发展》，社会科学文献出版社 2004 年版）

本章小结

- 在一项社会科学研究中将定量方法和定性方法结合使用，称为混合方法研究。
- 混合方法的设计主要考虑两种方法在使用上的时序安排、以何种方法为主以及两种方法的混合方式。
- 以不同时序安排的混合方式，可分为序列和并列两类混合研究策略，共有六种研究模式。不同研究模式各有优势和局限。选择研究策略和具体混合模式，需根据研究目的、研究内容和研究条件决定。
- 混合方法研究的数据收集可以是结合应用定量数据收集和定性数据收集的各种方法。
- 混合研究成果的报告根据主要研究方法、主要读者群体、研究模式安排报告结构和展示方法，关键在于充分利用定量和定性资料，并能综合两者特点。

思 考 题

1. 根据您所熟悉的研究领域选择一个合适主题，设计一项兼用定量和定性研究方法的研究课题，说明并解释您所采用的混合研究方式。

2. 试分析例 6.3 采用并列策略会有哪些局限？假设可以修改设计，您会采取哪些方法解决这些问题?

参考文献

1. Creswell, John W. (2009) Research Design: qualitative, quantitative, and mixed methods approaches. Los Angeles, Sage.

2. Creswell, John W., Plano Clark, M. Gutmann, W. Hanson. (2003) Advanced mixed methods designs. In: Tashakkori A, Teddlie C, eds. Handbook of Mixed Methods in Social and Behavioral Research. Thousand Oaks, Sage.

3. Small, Mario Luis. (2011) How to Conduct a Mixed Methods Study: Recent Trends in a Rapidly Growing Literature. Annual Review of Sociology, Vol. 37: pp. 57—86.

4. 罗西、弗里曼、李普希:《项目评估:方法与技术》(第6版),邱泽奇等译,华夏出版社2002年版。

后　记

十多年前刚开始接触“社会科学研究方法”的教学时，主要参考的是英文教材。此后有了袁方先生主编的“社会研究方法教程”。近年来社会对实证研究的需求日增，翻译引进和中国学者自己编著的相关教材也越来越多。随着自己主持、参与和了解的社会科学研究项目逐渐增多，对研究方法的应用也有了更多的知识和更深刻的体会。本书即是这些知识和体会的汇集。

写一本关于应用社会科学研究方法的书，源起于我有时会遇到的两种现象：一是学生在读了书后，仍不十分确定如何做自己的研究；二是在应用时将研究方法视为教条而生搬硬套，或某项研究设计与教科书不一样而受到置疑。但是，我们经常使用的教科书中，所举应用案例大多来自发达国家学者的实践，研究场景和时代都与中国当前情况有所不同。感谢中国社会科学院研究生院，给我这样一个机会，促成了本书的完成。

本书的读者定位在对社会科学研究方法有了初步知识的社会科学研究者，而不是研究方法的入门。书中内容包括了社会科学研究各阶段的主要方法，重点在应用方法时需要注意的问题和应用案例，而不是对研究方法所有细节的全面介绍。由于作者学术背景和研究经历的局限，介绍定量研究方法的内容和案例相对较多。在应用案例的选择上，不可避免地只限于本人所熟悉的案例。希望书中所附上的更多参考文献可以弥补这些局限。

本书得以完成仰仗于团队努力。作者感谢同事王广州、张妍、李玉柱、牛建林、林宝提供的案例和专栏内容，感谢牛建林对全书的通校；感谢书稿评审人的建议，促使我增补了对统计分析方法误用的讨论和更多参考文献；感谢系里负责教务的张彦海老师，本书的完成离不开他的不断督促和鼓励。

这是一次编写研究方法应用的尝试，编写过程也是一个学习过程，不足和局限在所难免。希望通过读者的使用，对书中的问题、错误或不足给予批评指正。

郑真真

2012年10月于北京